中央党校(国家行政学院)
智库系列丛书

大国攻坚

决胜2020

DAGUO GONGJIAN
JUESHENG 2020

中央党校（国家行政学院）经济学部 曹立 ◎ 主编

人民出版社

出版说明

　　2020 年对我国而言，是具有特殊重要意义的一年。2020 年，我们将全面建成小康社会，实现第一个百年奋斗目标，中国人民将书写人类发展史上的伟大奇迹。2020 年，"黑天鹅"——新冠肺炎疫情的出现，使全球动荡源和风险点显著增多，我国外部形势更趋严峻复杂。要确保全面建成小康社会和"十三五"规划圆满收官，得到人民认可、经得起历史检验，2020 年既是决胜期，也是攻坚期，做好经济工作至关重要。

　　为了帮助广大读者准确把握当前中国经济发展形势，正确认识中国经济的发展前景，我们特邀中央党校（国家行政学院）的多名专家组成编写组，围绕中国经济发展的热点难点问题撰写了本书。本书从"中国经济稳中向好的基本趋势没有改变"这一根本判断出发，围绕脱贫攻坚、污染防治、民生建设、宏观调控、对外开放等方面，解读中国经济充满"韧性"与"弹性"的密码，具有很强的前瞻性和针对性。

　　希望本书的出版能让读者全面理解把握中国经济发展的逻辑，更笃定地投入到中国特色社会主义的伟大事业中，实现全面小康，决胜2020，我们有信心！

人民出版社

2020 年 5 月

目　录

大国攻坚
决胜
2020

当前，世界大变局加速演变的特征更趋明显，全球动荡源和风险点显著增多，我国外部环境复杂严峻。从国内来看，新冠肺炎疫情在短期内对经济影响较大。但是，中国经济拥有的强大韧性和潜力，就是我们有信心向未来的底气所在。

　　既要保持战略定力，坚持底线思维，推动中国经济行稳致远，也要坚信机遇大于挑战、希望多于困难，中国经济稳中向好、长期向好的基本趋势没有改变。

第一章

中国经济稳中向好、长期向好的基本趋势没有改变

　　2020 年注定是不平凡的一年，这一年，我们将全面建成小康社会，打赢脱贫攻坚战、完成"十三五"规划、实现民族复兴征程上的第一个百年目标。正当全国人民满怀激情在实现全面小康的征程上全力奔跑时，突如其来的新冠肺炎疫情，使这个特殊之年又面临特殊考验。从国际来看，当前世界经济增长也在持续放缓，仍处在国际金融危机后的深度调整期，世界大变局加速演变的特征更趋明显，全球风险点显著增多。从国内来看，我国正处在转变发展方式、优化经济结构、转换增长动力的攻关期，结构性、体制性、周期性问题相互交织，经济下行压力加大。但总的来看，机遇仍大于挑战，希望多于困难，中国经济稳中向好、长期向好的基本趋势没有改变。

一、世界大变局加速演变的特征更趋明显

目前世界经济仍处在国际金融危机后的深度调整期，主要国家间经济、科技、金融等领域博弈加剧，多边主义与单边主义矛盾激化，国际经济秩序加速重构，全球金融市场动荡加剧。叠加新冠肺炎疫情影响，全球经济衰退迹象明显，中美经贸关系面临挑战，全球动荡源和风险点显著增多，世界大变局加速演变的态势更趋明显。

（一）全球经济大概率进入衰退期

全球人口老龄化导致潜在经济增长和生产率增长减缓，收入分配差距扩大等长期矛盾仍未有效解决世界经济增长低迷。正如2020年《政府工作报告》所判断的：受全球疫情冲击，世界经济严重衰退，产业链供应链循环受阻、国际贸易投资萎缩，大宗商品市场动荡。新冠肺炎疫情引发需求下滑、失业问题严峻，经济明显衰退。

2020年1月以来，全球主要经济体呈现出不同程度的衰退。2020年3月，短时间内美国股市接连暴跌，触发多次熔断。国际货币基金组织预测2020年美国经济将会萎缩5.9%，受疫情影响，二季度将会是美国经济衰退最为严重的时候。[①]高盛发表报告预测美国经济第二季度将倒退34%。日本政府2020年3月下旬发表当月月度经济报告，称日本经济出现大幅下滑、形势严峻，并预计严峻的经济形

[①]　国际货币基金组织：《世界经济展望》，2020年4月，见 https://www.imf.org/zh/Publications/WEO/Issues/2020/04/14/weo-april-2020。

势还会持续。日本央行 4 月初发表的第一季度企业短期经济观测调查结果显示，日本大型制造业企业信心指数降至负 8 点；未来大型制造业企业信心的先行指数降至负 11 点。① 德国五大权威经济研究所日前联合发布的报告预测，疫情将导致德国经济急剧下滑，2020 年第一和第二季度将分别萎缩 1.9% 和 9.8%，全年将萎缩 4.2%。②

国际货币基金组织在 2020 年 4 月 14 日发布的《世界经济展望》中预测 2020 年全球经济增长率下降到-3%，预计 2020 年全球经济很可能经历 20 世纪 30 年代大萧条以来最严重的经济衰退，全球新冠肺炎疫情危机造成的 2020 年和 2021 年全球 GDP 的累计损失可能达到 9 万亿美元左右，大于日本和德国经济总量之和。③ 从目前疫情发展形势来看，2020 年全球经济很可能出现负增长，因此衰退已成定局。此外，由于贫富的极度分化和疫情的叠加影响，全球经济将进入衰退期，有很大概率陷入慢性萧条。

2020 年 3 月以来，全球股票市场价格大幅度下跌。联合国贸易与发展会议公布的预测表明，疫情对全球外国直接投资的冲击将超过 2008 年国际金融危机，对全球产业链的影响会更加严重。从供给角度来看，各国疫情的蔓延性特征，严重影响了全球价值链的顺利运转，从而影响经济的正常发展。从需求角度来看，尽管生产停滞了，但是需求，特别是刚性需求不会停止。工作的停顿意味着大部分工人

---

① 新华网：《日本大型制造业企业信心指数 7 年来首次转负》，2020 年 4 月 1 日，见 http://www.xinhuanet.com/2020-04/01/c_1125799429.htm。

② 新华网：《德国五大研究所预测德国经济今年萎缩 4.2%》，2020 年 4 月 9 日，见 http://www.xinhuanet.com/2020-04/09/c_1125833044.htm。

③ 国际货币基金组织：《世界经济展望》，2020 年 4 月，见 https://www.imf.org/zh/Publications/WEO/Issues/2020/04/14/weo-april-2020。

可能失去工作，没有工资收入，影响有效需求，使整个社会经济进入萎缩状态。

2020 年初我国面临新冠肺炎疫情带来的严峻考验，全国上下统筹推进疫情防控和经济社会发展各项工作，疫情防控形势持续向好，复工复产加快推进，经济社会发展大局稳定。2020 年一季度国内生产总值 206504 亿元，按可比价格计算，同比下降 6.8%。一季度，农业生产基本平稳，工业、服务业生产出现不同程度的下降。市场销售减少，一季度，社会消费品零售总额 78580 亿元，同比下降 19.0%，生活必需品销售和实物商品网上零售较快增长。投资活动放缓，一季度，全国固定资产投资（不含农户）84145 亿元，同比下降 16.1%，电子商务、专业技术服务和抗疫相关行业投资增长。①

（二）中美经贸关系面临严峻挑战

改革开放以来，中国制造业企业利用在出口阶段的比较优势，以承接国际产业转移为契机，用代工方式逐渐嵌入了西方跨国公司主导的国际产业链，并不断向中高端跃升，走过了对外经贸艰辛而又辉煌的历程。这一过程尽管时常遭遇西方国家贸易保护主义的阻挠，但中国高技术产品出口从无到有、从小到大，不断扩大。20 世纪 90 年代中期，高新技术产品出口占全部出口货物的比重不足 5%，2019 年

---

① 国家统计局：《统筹疫情防控和经济社会发展成效显著 3 月份主要经济指标降幅明显收窄》，2020 年 4 月 17 日，见 http://www.stats.gov.cn/tjsj/zxfb/202004/t20200417_1739327.html。

高新技术产品出口占货物出口总额的29.26%[①]，而高新技术贸易领域，一直以来被以美国为代表的西方国家垄断。鉴于中国目前的发展态势，美国屡屡发起贸易战，是想用一套新的国际规则来限定中国在高科技领域的发展，借此锁定中国在全球价值链的位势，强化美国科技领域的优势地位。

自2016年以来，美国的39起反补贴调查案件中，有14起涉及中国。2018年3月，美国白宫发布针对"301"调查行动的总统备忘录，对包括航空产品、铁路、新能源汽车等1300多种中国进口商品加征25%的关税。2018年6月，对中国进口的含有"重要工业技术"的500亿美元商品征收25%的关税。受中美贸易摩擦影响，2019年中美贸易额为5412.23亿美元，同比下降14.6%。

美国以贸易保护主义阻击中国制造业向高端升级，不断挑起的中美之间经贸摩擦，正向科技、金融、军事等领域进一步扩散。近年来，美国持续加大对我国科技企业的打压力度，以出口管制实体清单等形式发起制裁，对中美两国甚至全球的经济发展产生较大影响。当前，新冠肺炎疫情给经济带来叠加冲击，中美经贸关系面临诸多挑战。2020年一季度我国货物进出口减缓，货物进出口总额65742亿元，同比下降6.4%。其中，出口33363亿元，下降11.4%；进口32380亿元，下降0.7%。[②]

---

① 国家统计局：《中华人民共和国2019年国民经济和社会发展统计公报》，2020年2月28日，见 http://www.gov.cn/xinwen/2020-02/28/content_5484361.htm。

② 国家统计局：《统筹疫情防控和经济社会发展成效显著　3月份主要经济指标降幅明显收窄》，2020年4月17日，见 http://www.stats.gov.cn/tjsj/zxfb/202004/t20200417_1739327.html。

（三）全球经济治理体系加快重构

现行全球经济治理体系是由主要西方大国在二战后主导建立的，这一体系最鲜明的特征是霸权主导下的政策协调。进入 21 世纪以来，国际力量对比发生深刻变化，新兴市场国家和一大批发展中国家的国际影响力不断增强，目前，全球经济治理体系与世界经济发展格局之间的矛盾日益尖锐，表现出严重的保守性和僵化性，甚至成为世界局部地区和少数国家社会失序、政治动荡的根源。当今世界经济格局已经发生深刻变化，全球经济治理体系难以适应全球经济格局的变迁，规则重塑的步伐滞后于世界格局发展，既有的制度安排难以适应，国际秩序面临失调危机，治理体系面临多重困境，"治理赤字"不断加大，全球经济治理陷入困境。全球治理体制变革正处在历史转折点上，推动国际经济合作中权利平等、机会平等、规则平等，使全球治理体制更加平衡地反映大多数国家的意愿和利益已是大势所趋。

（四）全球产业链供应链脆弱性凸显

由于突如其来的疫情影响，世界经济受到前所未有的冲击。疫情对世界经济的冲击大致分为三个层面：从需求层面来看，随着人员流动、跨境物流、检验检疫等管控升级，线下接触性消费全面萎缩，生产、投资活动全面中止；从供给层面来看，由于人流、物流均受到管控，相关产业链、供应链出现停摆；从金融层面来看，避险情绪升温，导致股市大幅度下挫，流动性风险上升，企业在赢利下滑和资金链收紧的双重压力下出现违约，进而导致信用风险。

随着经济全球化纵深推进，几乎所有国家都被产业链和供应链紧密联结起来。疫情冲击之下，各国加强国内管控并且闭紧国门，产业链供给端和需求端双双收缩。全球产业链的脆弱性凸显，全球产业分工格局面临调整重构，各国正在重新定位自身在全球产业链中的地位和作用，也在加速重构本国产业链。特朗普政府通过补贴回迁成本、给予税收减免等手段，"威逼利诱"制造业回流美国。为了在战略上减少对海外产业链的过度依赖，日本政府要求其海外制造企业回迁，并提供政府资金支持。

二、我国经济长期向好的趋势没有改变

我国发展仍处于并将长期处于重要战略机遇期，我国经济已由高速增长阶段转向高质量发展阶段，正处在转变发展方式、优化经济结构、转换增长动力的攻关期。中国经济发展的韧性、潜力和回旋余地很大，有新中国成立以来积累的雄厚物质技术基础，有超大规模的市场优势和内需潜力，有庞大的人力资本和人才资源。近期，新冠肺炎疫情对中国经济社会带来了非预期性的冲击，但可以肯定的是，疫情对中国经济造成的冲击本质上是外生的、局部的和暂时性的，它无法改变中国经济长期向好的趋势，中国经济高质量增长的基本面没有变化。

（一）雄厚的物质技术基础

中国经济总量和增速位居世界前列。新中国成立70多年来，中

华民族实现了从站起来、富起来到强起来的伟大飞跃，完成社会主义革命，推进社会主义建设，进行改革开放新的伟大革命，极大解放和发展了社会生产力。1952年至2018年，我国GDP从679.1亿元跃升至90.03万亿元，实际增长174倍。2019年，我国国内生产总值990865亿元，按年平均汇率折算达到14.4万亿美元，稳居世界第二位，占世界经济的比重预计将超过16%，对世界经济增长的贡献率超过30%，是全球经济增长的动力源和火车头，这使我们更有实力抵御短期冲击、应对风险挑战，实现经济持续平稳增长。2019年，我国人均GDP是70892元，按年平均汇率折算达到10276美元，稳居世界上中等收入国家行列，全国居民人均可支配收入30733元①，稳居上中等收入国家行列。这意味着我国居民收入进一步增加、生活更加股实，总体消费能力不断增强。目前，中国已成为世界经济第二大国、货物贸易第一大国、外汇储备第一大国、服务贸易第二大国、使用外资第二大国、对外投资第二大国。2019年美国经济增速约为2.3%，日本和欧元区的增速略高于1%，印度增速逾5%。中国经济增速为6.1%，明显高于全球经济增速，在世界主要经济体中名列前茅。

中国多领域尖端科技实现从跟跑、并跑到领跑的跨越式发展。新中国成立以来，共和国几代科技工作者始终以为国图强、为民造福的信念努力奋斗，使得我国在尖端科技上的脚步也逐渐追赶世界甚至部分实现了超越。中国的自主创新能力不断加强，专利申请数连续八年位居全球第一。在移动通信、现代核电、载人航天、量子科学、深海

①　国家统计局：《中华人民共和国2019年国民经济和社会发展统计公报》，国家统计局网站，2020年2月28日，见 http://www.gov.cn/xinwen/2020-02-28/content_5484361.htm。

探测、超级计算等领域也进入世界前列，取得的重大科技成果举世瞩目，使我国在事关国家全局和长远发展的科技战略制高点上占据了主动，为我国经济高质量发展提供了坚实的技术支撑。

（二）超大规模的市场需求

中国在未来相当长的一段时间会持续保持人力资源优势。2019年末，我国总人口为 140005 万人，与 2018 年相比，人口净增 467 万人，自然增长率为 3.34‰。城镇人口比重超过 60%[①]，城镇化水平继续提升，未来还有数亿农民进城，将会形成超大规模的市场需求。中国劳动年龄人口总量接近 9 亿人，劳动力资源依然丰富。受过高等教育和职业教育的高素质人才有 1.7 亿人，每年大学毕业生有 800 多万人。总体来看，中国仍然具有巨大的劳动力优势，并在未来相当长的一段时间支撑中国经济长期向好。

巨大的消费市场规模形成了中国经济的韧性。中国拥有 14 亿多人口，4 亿多中等收入群体，2019 年，社会消费品零售总额 41.2 万亿元，首次超过 40 万亿元。[②] 据测算，2019 年最终消费支出对经济增长的贡献率为 57.8%，分别比资本形成总额、货物和服务净出口总额高 26.6 和 46.8 个百分点。[③]2020 年的新冠肺炎疫情抑制了中国国

---

① 《中华人民共和国 2019 年国民经济和社会发展统计公报图表》，《人民日报》2020 年 2 月 29 日。

② 人民网：《商务部：2019 年社会消费品零售总额 41.2 万亿元增长 8%》，2020 年 1 月 21 日，见 http://finance.people.com.cn/n1/2020/0121/c1004-31558486.html。

③ 国家统计局：《国家统计局局长就 2019 年全年国民经济运行情况答记者问》，2020 年 1 月 17 日，http://www.stats.gov.cn/statsinfo/auto2074/202001/t20200117_1723519.html。

内消费市场。但是，疫情给需求和供给带来的冲击只是局部性、暂时性的，疫情过去，这些消费会迅速恢复，并且出现爆发式增长，中国市场自我循环体系，对当前的疫情冲击有很强的防御和自愈能力，能较快重返向好发展的轨道上来，这是中国经济的韧性和潜力之所在，也是世界上其他任何经济体都无可比拟的巨大优势。

　　国内市场的消费活力与投资潜力从需求侧和供给侧两端共同形成中国经济发展的合力。一方面，消费是恢复经济增长活力的最重要动力，对 GDP 增长的贡献率接近 60%，2019 年全国居民人均可支配收入 30733 元，实际增长 5.8%；农村居民人均可支配收入实际增长 6.2%，高于城镇居民 1.2 个百分点。① 居民收入增长与 GDP 增长基本同步，为居民生活改善提供了收入保障。随着抗疫形势的持续好转和复产复工有序展开，受到抑制的消费正在逐渐复苏，国内消费市场的活力正在呈现。为顺应居民消费升级趋势，进一步发挥消费的基础性作用，国家发展改革委等 23 个部门联合印发《关于促进消费扩容提质加快形成强大国内市场的实施意见》。另一方面，投资既有助于短期内形成需求，也有助于中长期形成有效供给。我国基础设施密度、人均水平和质量仅居于世界中等水平，基础设施建设仍有很大潜力和空间。国家投资的一批重大项目开工建设加快推进，对促进经济增长和稳定就业起到了保障作用。由于中央坚持"房住不炒"定位，房地产投资理念发生变化，房地产投资总体稳定。制约民间投资积极性的"堵点""痛点"正在疏解。5G 基站、大数据中心、特高压、城际高速铁路和城际轨道交通、新能源汽车充电桩等基础设施投资精准

---

① 国家统计局：《中华人民共和国 2019 年国民经济和社会发展统计公报》，2020 年 2 月 28 日，http://www.gov.cn/xinwen/2020-02/28/content_5484361.htm。

发力，补短板、强弱项的效果正在显现。这些既是应对新冠肺炎疫情负面影响、扩大国内市场需求的重要手段，也是提振国内外投资者信心、推动经济高质量发展的重大举措。

（三）完备的产业体系和配套能力

中国拥有完整的工业体系，有全球最丰富最复杂的产业链条，中国拥有联合国产业分类规定的 41 个工业大类、207 个中类、666 个小类，是世界上唯一拥有联合国产业分类当中全部工业门类的国家，形成了独立完整的现代工业体系。① 我国产业配套能力很强，产业链的深刻变化，上下游间的"链条咬合"、不同领域的"相互补位"，使中国经济底盘更稳，为中国经济由大变强奠定坚实的产业基础。中国是全球有影响力的产业大国。世界 500 余种主要工业品中，中国有 220 余种产品产量居全球第一，是全球最重要的"世界工厂"，中国产品遍布世界 230 多个国家和地区。

面对新一轮科技革命与全球化，我国的产业链正发生着深刻的变化，朝着生态化、智能化、数字化、平台化、国际化以及多业态融合的方向发展。传统产业链条正在重构与裂变，催生出许多新的产业形态与市场机会。一二三产业、先进制造业与现代服务业、工业化与信息化等加快融合。产业链、创新链、供应链、价值链的协同程度不断提升。大量企业通过新技术、新模式的应用，不断提升供应链运行效率，适应着产业与消费升级的需求。

---

① 《成就举世瞩目 发展永不止步》，《人民日报》2019 年 9 月 21 日第 4 版。

（四）新技术、新业态、新动能快速成长

伴随着新技术、新业态不断取得突破，新动能快速成长，为中国经济高质量发展提供持续动力。

一是新技术逆势兴起。以 5G、人工智能等为代表的新一代信息技术，成为培育智慧城市、物联网、车联网等新产业新动能的重要支撑。近年来，我国着力突破一批关键核心技术，推动一批科技成果产业化，关键核心技术"卡脖子"问题正在得到缓解。据国家统计局数据显示，2020 年 1—2 月，信息传输、软件和信息技术服务业生产指数增长 3.8%。

二是新业态快速成长。本次疫情催生了许多新的服务需求、为新兴行业的发展提供了机遇。新技术推动生产生活业态朝着智能、线上发展方向演变。线上消费、线上教育、远程办公、视频会议等新供给、新业态、新模式呈现快速扩张态势，电子商务、现代供应链、互联网金融等相互融合，不但对冲了部分负面影响，而且展现出强大的成长潜力，拓展了经济高质量发展新空间。

三是新动能强劲发力。经济新常态下，焕发经济发展活力，要培育发展新动能。数字经济是继农业经济、工业经济之后的一种新的经济社会发展形态，更容易实现规模经济和范围经济，日益成为全球经济发展的新动能和新引擎。习近平总书记指出，"新常态要有新动力，数字经济在这方面可以大有作为"[1]。《中国数字经济发展与就业白皮书 2019》显示，2018 年我国数字经济规模达 31.3 万亿元，同比增长

---

[1] 任保平、赵通：《发展数字经济培育高质量发展新动能》，《光明日报》2019 年 3 月 1 日。

20.9%，占 GDP 比重 34.8%，数字经济已成为我国经济提质增效、实现高质量发展的强劲引擎。

三、2020 年中国经济发展面临的严峻挑战

全球潜在增长率受人口老龄化、贫富差距扩大、长期投资疲软等结构性矛盾困扰。新冠肺炎疫情对我国第一、二季度经济的影响较大，国内市场仍然存在一些深层次结构性矛盾，制造业仍处于全球价值链中低端，民生领域仍有薄弱环节，供应链、产业链受到较大冲击。

（一）新冠肺炎疫情对经济短期影响较大

新冠肺炎疫情从需求和供给两端冲击和影响经济。

1. 经济短期冲击下行幅度较大

受疫情影响，需求和生产骤降，投资、消费、出口均受到明显冲击，短期失业率上升和物价上涨。防控疫情需要人口避免大规模流动和聚集，隔离防控，因此大幅降低消费需求。工人返城、工厂复工延迟，企业停工减产，制造业、房地产、基建投资短期基本停滞。疫情冲击下，各项经济指标下行严重，据国家统计局数据显示，2020 年一季度反映投资、消费、工业运行状况的三大重要指标，全部创下了两位数以上的降幅。

2. 中小企业生存难度较大

严格的隔离措施和人员流动限制，直接导致线下的消费需求下滑，加重了中小企业和生活服务业的生产经营困难，抑制了商务经贸活动，延缓了投资项目建设进度。出口行业订单交付延误，服装、玩具等劳动密集型出口企业的订单和开工不足。餐饮、交通、旅游、娱乐等行业的经营主体体量小，受到的冲击尤其严重。大部分中小企业面临生产和营业停摆，收入和现金流中断，但是房租、工资、利息等费用刚性支付，经营中断可能导致订单合同违约、资金周转困难。部分体量较小、抗风险能力较弱的中小微企业将面临破产倒闭的困境，风险还可能沿着供应链和担保链上下及横向传导，引发局部性危机。

3. 就业面临更加复杂严峻的形势

第一，就业总量压力加大。我国劳动力供给总量仍处于高位，今年需要在城镇就业的新成长劳动力在 1500 万人以上。受疫情影响，就业主要指标出现波动，就业增长放缓，2020 年 1—2 月城镇新增就业人数 108 万人，同比减少 66 万人；失业水平有所上升，2 月全国城镇调查失业率为 6.2%，环比上升 0.9 个百分点。一季度，全国城镇新增就业人员 229 万人。3 月，全国城镇调查失业率为 5.9%，比 2 月下降 0.3 个百分点。① 第二，就业结构性矛盾凸显。涉及疫情防控物资和生活必需品供给的重点企业用工阶段性激增，关键行业企业出现缺工现象。东部地区招工难、用工贵，中西部地区外出难、就业

---

① 国家统计局：《统筹疫情防控和经济社会发展成效显著　3 月份主要经济指标降幅明显收窄》，2020 年 4 月 17 日，见 http://www.stats.gov.cn/tjsj/zxfb/202004/t20200417_1739327.html。

难，劳动力滞留问题突出，劳动力市场大范围重新匹配，摩擦性失业和结构性矛盾有所上升。疫情严重地区失业人员、大龄低技能人员、就业困难人员就业问题更加突出。第三，部分行业企业稳岗压力加大。部分劳动密集型制造业企业开工复工推后，住宿餐饮、文体娱乐、旅游、批发零售等服务业受冲击较大，用工需求不足。第四，高校毕业生就业难度加大。2020年高校毕业生规模达到874万人[①]，增量、增幅均为近年之最。疫情突发正值春季招聘期，导致整个市场需求下降，线下招聘暂停，选择余地明显收窄，毕业生求职就业受到较大影响。疫情加速了部分行业需求调整，毕业生人岗匹配难度有所增加。第五，农民工外出务工受到影响。农民工已成为我国产业工人的主体，目前总量达到2.9亿人，其中外出务工1.7亿人，跨省流动7500万人。[②] 农民工多数是生产服务一线普工，灵活就业较多，受疫情冲击更为直接，返乡农民工特别是贫困劳动力外出务工比例较往年同期大幅减少。

（二）制造业整体仍处于全球价值链中低端

我国制造业拥有全球最完整的产业链条，制造业规模居全球首位，但是，我国制造业整体还处于全球价值链中低端。

2019年，中国工程院对26类有代表性的制造业产业进行国际比

---

① 新华网：《2020届高校毕业生规模预计达874万人》，2019年10月31日，见 http://www.xinhuanet.com/2019-10/31/c_1125178211.htm。

② 中国新闻网：《人社部：我国农民工总量达到2.9亿人》，2020年2月28日，见 http://www.chinanews.com/gn/2020/02-28/9107581.shtml。

较分析，分析结果显示，中国的这些产业中，世界领先的产业有 5 类，分别是：通信设备、先进轨道交通装备、输变电装备、纺织、家电。世界先进的产业有 6 类，分别是：航天装备、新能源汽车、发电装备、钢铁、石化、建材。与世界差距大的产业有 10 类，分别是：飞机、航空机载设备及系统、高档数控机床与基础制造装备、机器人、高技术船舶与海洋工程装备、节能汽车、高性能医疗器械、新材料、生物医药、食品。与世界差距巨大的产业有 5 类，分别是：集成电路及专用设备、操作系统与工业软件、智能制造核心信息设备、航空发动机、农业装备。

中国制造业大而不强突出表现在产业结构、技术创新、国际竞争等方面。一是产业结构失衡，高端制造受制于人。制造业内部存在结构性失衡，供给无法精准匹配需求。低端产品过剩，高端产品不足，大量关键装备、核心技术和高端产品严重依赖进口，并受到出口国限制甚至"断供"威胁。二是技术创新能力不强。制造业能源资源利用效率偏低，对人工智能和产业互联网的运用不充分，自动化、数字化和智能化程度较低的企业受到了更为严重的疫情冲击。三是国际竞争实力薄弱。制造业国际竞争格局深刻变化，面临发达国家"再工业化"、抢占未来产业竞争制高点和发展中国家积极利用低成本劳动力优势承接国际产业转移的双重挤压。

（三）全球经济衰退冲击持续向国内传导

全球经济的衰退甚至萧条已不可避免。北美、欧洲、东亚都正在经受疫情的困扰。全球贸易与投资活动受到严重影响，使得因贸易战而减缓的贸易与投资再遭重创。一些国家开始实施贸易限制、禁航禁运，国际贸易航运受到很大影响，疫情还将引起国际投资的转移和重新布局。2020年4月，美国宣布鼓励本国企业撤出中国，将工厂搬至美国本土或东南亚，并为企业搬迁回美国本土的所有费用买单。无独有偶，日本也在近期开始召回在华日企，号召和资助日本企业将工厂撤离中国，以摆脱本国企业的供应链体系对中国的过分依赖。

国际经济冲击正通过疫情、资本、外汇、贸易、外需、产业链、房地产等渠道传导至国内。我国一些优势产业面临全球产业链调整的压力。外贸企业面临出运和收汇推迟、资金周转紧张、上下游协同不畅、人工成本增加等问题。有的地方履约接单困难，出口订单快速下降。我国作为世界工厂，有大量出口的同时也从世界各国进口原材料。国内部分企业由于欧美订单的取消而无法复产、甚至面临倒闭，"两头在外"的产业和企业面临更加严峻的冲击。

四、坚持底线思维推动经济发展行稳致远

2020年是决胜全面建成小康社会收官之年，要为实现第二个百年奋斗目标打好基础。我国经济的潜力和韧性增强了化危为机的底气和信心。但是，突如其来的新冠肺炎疫情对我国经济社会发展带来前所未有的冲击，必须充分估计困难、风险和不确定性，统筹推进疫情防控和经济社会发展工作，坚持稳中求进工作总基调，保居民就业、保基本民生、保市场主体、保粮食能源安全、保产业链供

应链稳定、保基层运转。要深化治理体系改革，树立底线思维，做好较长时间内应对外部环境变化的思想准备和工作准备，保持定力，化危为机，加大补短板、强弱项力度，加快形成强大国内市场，加快实现制造业由大到强的跃升，着力保障和改善民生，推动产业链升级和供应链稳定，加强全球政策协调配合，更好推动经济转向高质量发展轨道。

（一）加快形成强大国内市场

形成强大国内市场首先要使潜在的市场成为现实的市场，成为稳定的市场。要充分发挥消费的基础性作用，增强居民消费能力，落实好《关于促进消费扩容提质加快形成强大国内市场的实施意见》，培育新的消费增长点，以新消费促进和带动新兴产业和新型基础设施投资。切实发挥投资的关键性作用。新型基础设施建设是我国经济增长的新引擎，传统基础设施和新型基础设施建设融合发展，具有广阔发展空间。要统筹考虑传统基础设施和新型基础设施建设，充分发挥基础设施投资的带动效应和乘数效应。聚焦关键领域，积极扩大有效投资，因城施策稳定房地产投资，加大老旧小区改造、地下管网、城际交通、物流、市政、灾害防治、民用小型支线机场、公共卫生与防疫等基础设施投资力度，加强新能源汽车充电桩、智慧城市、人工智能、工业互联网、物联网、数据中心等新一代信息基础设施建设。加快在建重点项目的开工进度，加强对重点建设项目土地、环保、能耗等方面的政策支持。加大对农村和中西部地区的基础设施建设支持力度，逐步实现城乡基础设施共建共享、互联互通。

（二）加快实现制造业由大到强的跃升

推动制造业由大到强高质量发展，必须把创新摆在制造业发展全局的核心位置。解决科技和产业"两张皮"的问题，强化关键共性技术供给，布局建设一批制造业创新中心，构建开放、协同、高效的共性技术研发平台，加快科技成果转化为现实生产力。健全以企业为主体的产学研一体化创新机制，鼓励企业牵头组建创新联合体，加快突破关键核心技术。着力推动先进制造业和现代服务业融合发展。要统筹新型基础设施、新型通用技术、新业态新模式和新型监管方式，加快建设5G、工业互联网等新型智能基础设施，强化大数据、人工智能等新型通用技术的引领带动作用，培育发展大规模个性化定制、云制造等智能制造新业态新模式，构建友好监管环境，提高先进制造业与现代服务业融合发展水平。

着力加快制造业结构优化升级。我国制造业中传统产业占比超过80%[①]，改造提升传统产业具有巨大潜力和市场空间。要坚持深化供给侧结构性改革不动摇，加快处置"僵尸企业"，实施新一轮重大技术改造升级工程，大力培育发展新能源汽车、新材料、人工智能等新兴产业，打造一批世界级先进制造业集群，保持好全球最完整的产业体系，不断提升产业链水平。

构建开放、协同、高效的共性技术研发平台，加快制造业结构优化升级，推动大数据、物联网、人工智能、区块链等技术创新与产业应用，促进传统产业向数字化、网络化、智能化升级。通过改革增强

---

① 苗圩：《大力推动制造业高质量发展》，《求是》2019年第3期。

国有企业内生动力和活力，推进企业优胜劣汰，打造一批具有国际竞争力的先进制造业集群。加快构建制造业高质量发展的指标体系、政策体系、标准体系、统计体系、绩效评价和政绩考核办法，加大对先进制造业的融资支持。

（三）着力保障和改善民生

就业是最大的民生，是社会稳定的重要保障，事关人民群众切身利益和国家发展大局。面对就业人员数量巨大、结构性矛盾凸显、企业稳岗压力大、高校毕业生规模大、农民工外出务工受影响等困难，要多措并举保居民就业。要有力有序推动减负稳岗扩就业，着力保障重点企业用工，全力推动企业复工复产。建立健全服务保障机制，着力推动农民工"点对点"返岗复工。采取"免、减、缓、返、补"的阶段性政策，稳定就业存量，着力推进线上就业服务和技能培训。用好用足援企稳岗政策，稳定就业和促进中小微企业发展。通过延期纳税、成本补贴、降低担保费率等手段，缓解中小微企业困难。突出就业优先导向，把就业摆在更加突出位置，落实国家普惠性就业创业政策。

（四）提升产业链现代化水平

推动产业链上下游协同复工。纠正限制劳动者返岗的不合理规定，畅通要素流动，利用好用工对接服务平台，强化重点企业用工调度保障。以制造业、物流业等为突破口，全力推动企业复工复产以深化供给侧结构性改革，集聚产业升级调整的新动力。围绕产业链部署创新链，全面提升产业竞争力和产业链水平，进一步增强发展实施创新驱动发展战略，大力实施技术改造和设备更新，巩固好全球最完整的产业体系，不断提升产业链水平。利用技术创新和规模效应形成新的竞争优势，最大限度地释放创新创造新动能。

促进产业链联动发展。一是促进产业链上下游联动发展，支持上下游企业加强产业协同和技术合作攻关，增强产业链韧性。二是促进供需联动发展，提高供给质量和效率，注重发挥人口和超大规模市场优势，以庞大的国内需求倒逼产业转型升级。三是促进内外联动发展，坚持独立自主和开放合作相促进，促进国内标准和国际标准衔接，在开放合作中形成更强创新力、更高附加值的产业链。四是促进要素协同联动发展，以产业、财政、金融、人才、贸易政策等协同为保障，加快构建以信息、技术、知识、人才等新要素为支撑的新优势。①

积极参与全球产业链重构。利用好全球产业链重构的机会，用数字技术优化生产模式、协同模式和服务模式，打造上下游紧密协同、供应链集约高效的产业链集群，提升产业价值的创造空间。

（五）努力稳定外贸外资

推动由商品和要素流动型开放向规则、规制、管理、标准等制度型开放转变，修订和大幅缩减外商投资负面清单，打造市场化、法治

---

① 盛朝迅：《推进我国产业链现代化的思路与方略》，《改革》2019年第10期。

化、国际化的营商环境，推动现代服务业、先进制造业、现代农业等产业全方位对外开放。继续贯彻落实外商投资法及配套行政法规等规定，提升利用外资质量，加强外商投资促进和保护。赋予自贸试验区更大的改革自主权，加快推进海南自由贸易港建设。深化贸易和投资自由化便利化。切实推动人民币进一步国际化，支持人民币跨境贸易再融资。继续推动人民币汇率市场化形成机制改革，保持汇率弹性。积极拓展外贸多元化，加快推进通关便利化，大幅降低进口关税。放宽外资准入限制，扩大金融业等服务业对外开放。

（执笔人：曹立教授）

我国经济已由高速增长阶段转向高质量发展阶段，这是党中央对新时代我国经济发展特征的重大判断。高质量发展体现了新发展理念，实现了创新、协调、绿色、开放和共享的统一，是做好经济工作的根本要求。

　　要以建设现代化经济体系为目标，以推进供给侧结构性改革为抓手，以实施创新驱动发展战略为支撑，以做优做强实体经济为着力点，强化基础设施建设，落实区域发展战略，推动中国经济实现高质量发展。

第二章

推动中国经济高质量发展

党的十九大报告明确提出，中国经济已由高速增长阶段转向高质量发展阶段。2017 年中央经济工作会议指出，推动高质量发展是当前和今后一个时期确定发展思路、制定经济政策、实施宏观调控的根本要求。2019 年中央经济工作会议对如何推动高质量发展设计了路线图。2020 年 4 月 17 日中央政治局召开会议，会议指出，在疫情防控常态化前提下，坚持稳中求进工作总基调，坚持新发展理念，坚持以供给侧结构性改革为主线，坚持以改革开放为动力推动高质量发展。2020 年《政府工作报告》进一步强调了上述"四个坚持"，并作为 2020 年政府推动高质量发展的总要求和总原则。

发展质量是一个多维度的概念①，可以从宏观、中观和微观层面进行分析。从宏观层面来看，主要是指国民经济整体质量和效率，全

---

① 　任保平等：《中国经济增长质量发展报告 2019：新时代下中国经济的高质量发展》，中国经济出版社 2019 年版，第 26 页。

要素生产率是重要衡量指标；从中观层面来看，主要是指产业和区域发展质量；从微观层面来看，主要是指产品和服务的质量。高质量发展意味着经济发展不再简单追求量的增加，而是"质"与"量"的高度统一。高质量发展，就是体现新发展理念的发展，即实现了创新、协调、绿色、开放和共享的发展。高质量发展强调创新是第一动力、协调是内生特点、绿色是普遍形态、开放是必由之路、共享是根本目的。具体而言，高质量发展是以科技创新为核心驱动力的发展；是生产力合理布局实现了区域、城乡协调发展，一二三产业、工业化与信息化深度融合的发展；是实现了低碳绿色发展方式和生活方式，为人民创造良好生产生活环境的发展；是深化合作共赢与世界各国携手构建人类命运共同体的开放发展；是促进人的全面发展、全体人民共同富裕的发展。

一、建设现代化经济体系

现代化经济体系是针对我国经济发展新阶段社会主要矛盾变化以及贯彻落实新发展理念提出的。党的十九大报告明确指出："中国经济正处在转向高质量发展的关键时期，建设现代化经济体系，是实现从经济高速发展到经济高质量发展跨越的迫切要求。"建设现代化经济体系是高质量发展的目标，也是推进高质量发展的路径。现代化经济体系，是由社会经济活动各个环节、各个层面、各个领域的相互关系和内在联系构成的一个有机整体。要建设创新引领、协同发展的产业体系，统一开放、竞争有序的市场体系，体现效率、促进公平的收入分配体系，彰显优势、协调联动的城乡区域发展体系，资源节约、环境友好的绿色发展体系，多元平衡、安全高效的全面开放体系，充分发挥市场作用、更好发挥政府作用的经济体制。以上几个体系是统一整体，要一体建设、一体推进。

（一）建设创新引领、协同发展的产业体系

产业体系是国民经济的基础和核心。产业体系的高质量，主要体现在产业的科技创新力、产业链的协同力以及生产要素之间的协同互动性等方面。我国产业基础实力不断增强，拥有全球规模最大、最为完备的工业体系；人力资源总量丰富，拥有1亿多受过高等教育和掌握专业技能的人才资源；国内市场潜力巨大，中等收入群体规模位居世界前列并持续扩大，为产业发展提供了广阔的市场需求空间。推动产业向中高端发展的共识在不断增强，各类要素资源在产业间的配置更趋优化合理[1]。但同时也必须看到，我国产业整体发展水平与发达国家还有明显差距，协同性、质量和竞争力还比较弱，仍需要在推动实体经济、科技创新、现代金融和人力资源协同发展上下功夫。特别是在疫情防控常态化之下，要供给侧和需求侧共同发力保持我国产业链供应链的稳定性和竞争力。

---

[1] 何立峰：《加快构建支撑高质量发展的现代产业体系》，《人民日报》2018年8月8日。

（二）建设统一开放、竞争有序的市场体系

市场体系是市场经济资源配置的主要机制。当前，我国已经形成了较为完备的商品市场体系，供求机制、价格机制和竞争机制发挥着决定性作用。生产要素市场也在不断培育发展中。目前我国市场体系中仍存在包括市场垄断、市场分割、市场无序等在内的一些突出问题，与现代化市场体系和高质量发展的要求不相符合。促进市场开放和规范有序发展，推进高质量发展，亟需加快建设统一开放、竞争有序的现代化市场体系。党的十九届四中全会《决定》指出，坚持和完善社会主义基本经济制度，加快完善社会主义市场经济体制，必须建设高标准市场体系。高标准的市场体系要求破除阻碍公平竞争的各种障碍，与国际市场规则接轨，实现市场在资源配置中的决定性作用，并通过法治确保市场公平竞争。

（三）建设体现效率、促进公平的收入分配体系

收入分配体系是经济体系中最重要的制度安排，决定着经济发展的目的和社会的公平正义。既要做大"蛋糕"，又要分好"蛋糕"，分好"蛋糕"有利于更好地做大"蛋糕"。调动各方积极性，让创造财富的源泉充分涌流。十九届四中全会把按劳分配为主体、多种分配形式并存上升为基本经济制度。与十八届三中全会的部署相比较，增加了土地和数据生产要素参与收入分配，重申了要扩大中等收入群体。这对于更好地发挥社会主义制度的优越性，既体现效率，又促进公平，进而推动高质量发展具有重大指导意义。

29

（四）建设彰显优势、协调联动的城乡区域发展体系

城乡区域发展体系解决的是经济体系的空间布局问题。城乡区域协调发展不仅可以培育我国经济发展的动力源，而且还可以让人民群众共享发展成果，最终实现共同富裕。

城乡与区域发展不平衡是推进高质量发展的最大短板。城乡与区域发展的战略和政策体系需要进一步协调和优化。城乡融合发展是实施乡村振兴战略，提升城乡发展的整体性，进而推进农业农村高质量发展的有效途径。需要综合施策，打通城乡要素自由流动的制度通道，逐步取消城市落户限制，建设统一的城乡建设用地市场，推动城乡基本公共服务的均等化，等等。对于区域发展，需要正确认识新时代区域协调发展的内涵，发挥区域功能定位的比较优势，构建统筹有力、竞争有序、绿色协调、共享共赢的区域协调发展新机制。[①]

（五）建设资源节约、环境友好的绿色发展体系

绿色发展是构建高质量现代化经济体系的必然要求，关系人民福祉和人类长远发展大计。不能以牺牲生态环境为代价换取一时的经济增长，现代化经济体系是绿色低碳的经济体系。树立绿水青山就是金山银山的理念，从源头上改变生产方式和生活方式。构建绿色生产、物流和消费体系，发展绿色技术和绿色金融，完善生态补偿机制，体现生态资本价值，构建人与自然和谐共生的现代化经济体系。

[①] 新华网：《中共中央 国务院关于建立更加有效的区域协调发展新机制的意见》，2018 年 11 月 29 日，见 http://www.xinhuanet.com/politics/2018-11/29/c_1123786594.htm。

（六）建设多元平衡、安全高效的全面开放体系

对外开放是基本国策，也是改革开放以来我国发展经验的集中体现。全面开放体系是现代化经济体系国际竞争力的体现。既重视引进来，也要重视走出去；既推动制造业的开放，也推进服务业的开放。外贸与外资、沿海开放和内陆沿边开放、向发达国家开放与向发展中国家开放并重，推动从商品和要素流动型开放向规则等制度型开放的转变，建设更高水平开放型经济新体制，形成多元平衡、高效安全的开放体系。

（七）建设充分发挥市场作用、更好发挥政府作用的经济体制

经济体制是经济体系的制度基础和保障。建设现代化经济体系最关键的是通过改革创新体制机制。改革的目标就是要让市场在资源配置中起决定性作用，更好发挥政府作用。通过改革减少政府不必要的干预，消除各类隐性障碍，构建公平、公正、法治的营商环境，规范政府行为，激发市场活力，最终营造市场机制有效、微观主体有活力、宏观调控有度的健康经济发展环境。

二、持续推进供给侧结构性改革

供给侧结构性改革是推动高质量发展的主线和抓手，这是由我国社会主要矛盾所决定的。过去几年来，中央和地方都将供给侧结

构性改革作为主线，持续不断地将改革推向纵深，着力破解经济运行中的结构性矛盾和问题，促进了宏观经济运行始终保持在合理区间，也推动了经济发展质量效益的稳步提升。2019 年我国经济发展遇到了很多不确定因素，既有短期的，也有长期的，既有周期性的，也有结构性的，但经济运行的主要矛盾仍然是供给侧结构性的，必须牢牢抓住供给侧结构性改革不放松。因此，中央经济工作会议指出，要坚持巩固、增强、提升、畅通的方针，以创新驱动和改革开放为两个轮子，全面提高经济整体竞争力，加快现代化经济体系建设。2020 年我国的发展任务异常艰巨，但按照《政府工作报告》的要求，困难挑战越大，越要深化改革，破除体制机制障碍，激发内生发展动力。

巩固就是要巩固"三去一降一补"成果，重点是要有序处置"僵尸企业"，为提质增效提供更多、更好的发展机会和空间；补基础设施、公共卫生、民生等领域短板，形成经济社会发展新动能并夯实高质量发展基础。增强就是要增强微观主体活力。微观主体保持活力是稳增长、稳就业和稳外贸的关键。就是要进一步推动改革，建立公开透明的市场规则，营造公平的法制化的市场环境，激发企业家精神，推动各类微观主体健康发展。提升就是要提升产业基础能力和产业链现代化水平。通过实施产业基础再造工程、重大技术改造工程以及培育先进制造业集群等提升产业链创新能力。畅通就是畅通国民经济循环，加快建设统一开放、竞争有序的现代市场体系，促进资源优化配置，降低交易成本，激发市场活力，为高质量发展提供高效公平的市场机制。

三、深入实施创新驱动发展战略

党的十九大报告指出，创新是引领发展的第一动力，是建设现代化经济体系的战略支撑。因此，深入实施创新驱动发展战略，实现科技与经济社会发展的深度融合，提高科技创新支撑能力是推动高质量发展的根本之策。当务之急就是要进一步深化科技体制改革，清除体制机制障碍，释放各类主体的创新活力，建设充满活力的创新体系。

（一）加快科技成果转化应用

科技成果只有同国家需要、人民要求和市场需求相结合，完成从科学研究、技术开发到推广应用的三级跳，才能真正实现创新价值。针对我国科技成果转化存在的问题，应该进一步落实好现有的激励科技成果转化的政策，充分发挥市场力量，更好发挥政府职能，完善官产学研用金机制，引导新型研发机构健康发展，通过构建合理的利益分享机制，加快和提升科技成果转化的速度和质量。完善"首台套""首批次""首版次"产品应用支持政策，改革工程招投标制度，形成有利于技术创新和产品应用的创新导向型招投标制度。①

---

① 冯飞：《以新发展理念引领经济高质量发展》，《学习时报》2019 年 12 月 27 日。

（二）加快提升企业技术创新能力

企业是国家财富创造的主体，企业兴，则经济兴。企业是技术创新的主体，既是技术研发主体，也是技术转化应用主体。当前我国企业技术创新能力还不够强，需要综合施策不断提升。激发企业技术创新动力，引导企业增加研发投入，发挥国有企业在技术创新中的积极作用。完善国有企业各类考核机制，提升对技术创新能力的考核力度；落实以增加知识价值为导向的分配政策，切实加大对科技人员的激励；强化使命担当，针对国家重大装备、重大技术的战略需求，聚焦关键核心技术攻关方向，加大研发投入，推动产业战略性、前瞻性和颠覆性技术创新，掌握更多的"卡脖子"技术。营造政策环境，倒逼和激励中小企业通过技术改造升级提高发展质量，例如，浙江利用"亩均论英雄"倒逼企业技术改造，广东和江苏等地制定了技术改造综合奖补政策，都比较好地推动了企业技术创新。健全中小企业技术服务体系。鼓励和支持第三方服务机构为中小企业技术改造提供诊断咨询、测试认证、项目监理、人才培训、融资服务等优质专业化服务。

（三）健全鼓励支持基础研究、原始创新的体制机制

党的十九大报告指出，要瞄准世界科技前沿，强化基础研究，实现前瞻性基础研究、引领性原创成果重大突破。基础研究是实现重大原始创新的前提和保障。针对基础研究这一短板，应进一步加大基础研究投入，引导和带动社会力量提高对基础性研究的投入，为跻身创新型国家前列的战略目标奠定坚实基础。引导和鼓励有实力的企业开

展或投资基础研究，切实加大应用基础研究投入保障力度。努力使基础研究的投入强度（或者基础研究占研究与开发的比例）在五年后达到主要创新型国家平均投入强度的50%以上，十年后接近主要创新型国家的平均投入强度。在增加总投入的同时，应进一步完善制度机制，强化应用基础研究带动学科发展，特别是强化地方政府和中央企业在基础研究方面的投入和平台建设。重视与基础研究相关的学科建设，完善基础研究人才的成长环境和培养机制。为培养基础研究人才提供稳定的、基本的财政支持。不以出成果的名义干涉科学家的研究。针对创新平台短板，2020年的《政府工作报告》指出，加快建设国家实验室，重组国家重点实验室体系，发展社会研发机构。对于重点攻关项目，实行"揭榜挂帅"机制，谁能干就让谁干。

（四）完善科技人才发现、培养、激励机制

推动高质量发展，最终依靠的还是各类人才。首先，完善科技人才发现机制。尊重人才成长规律，完善人才标准体系，构建多维的以质量为导向的人才评价发现体系[①]，不拘一格降人才，赋予创新团队更多的选人用人自主权，营造宽容失败的创新生态，让人才的创新精神迸发出来。其次，完善科技人才培养机制。积极推进新工科建设，构建培养科学精神和创新能力的教育理念和教育方式，培养工程实践能力强的优秀大学生。完善工程技术人才培养体系，培养工程技术领军人才，满足推进高质量发展对高层次应用型工程技术创新人才的需

---

① 彭珍、贺德方等：《以质量为导向的科技人才评价发现机制研究》，《科技管理研究》2015年第9期。

求。加强人才梯队建设，造就更多稳定并持续提升的科技研发团队。最后，完善科技人才激励机制。落实以增加知识价值为导向的分配政策，保障科技人才有潜心研究的物质基础和生活条件。加强对科技人才的情感关怀，提升他们的成就感和责任感。完善科技人才评价机制，科学合理的评价是最大的激励。营造更加宽松的创新环境，把创新人才的时间和精力从不合理的课题申报、经费管理和成果评价等体系中解放出来。减少人才"帽子"，"瘦身"人才工程，发挥市场力量汇集科技领军人才和领先创新团队，制定更高效、更合理的人才流动政策，吸引更多国际顶尖人才来华工作。

四、做实做强做优实体经济

产业是经济发展的重要载体，产业强则经济强。当前我国第一、二、三产业发展平稳，结构在不断的优化，第三产业已经在经济发展中发挥主力作用，对 GDP 增长的贡献超过了 50%。产业内部结构也在不断地优化，但"三大失衡"结构性矛盾尚未得到根本扭转。现代化进程中，实体经济是一国经济立身之本和财富之源。"三大失衡"问题的根源在实体经济，具体表现在：实体经济供需结构失衡，低端供给过剩，高端供给不足；实体经济与金融失衡，实体经济供给不足，资金成本居高不下，资金在金融内部空转，存在较大金融风险；实体经济与房地产失衡，房子是用来住的不是用来炒的理念尚未完全落实，虚高的房价一定程度上挤压了居民消费，对其他产业发展带来不利影响。通过供给侧结构性改革，做实做强做优实体经济是解决结构性矛盾推动高质量发展的关键之策。

（一）深化农业供给侧结构性改革

"三农"问题是关系到国计民生的重大问题，2020年中央一号文件就如何补上全面小康"三农"领域中的短板做出了具体部署，指出要持续抓好农业稳产保供和农民增收，推进农业高质量发展。

1. 狠抓农业生产保障供给

粮食生产要稳字当头，稳政策、稳面积、稳产量。其他农副产品要保量稳价提质，通过稳定和提升收益，调动农民种粮的积极性。具体而言，一是要进一步完善农业补贴政策，加大对产粮大省和大户的奖励力度。二是完善市场体系，推动一二三产业融合发展，提升各类农产品质量，培育以种养为基础、以加工为纽带、以商贸物流为支撑的产业形态，以信息技术带动产业融合，打通生产加工销售通道，实现供给与需求的有效对接，带动农民增收。三是加大资金支持。各类资金要统筹整合，突出重点；发行地方专项债支持乡村产业振兴；完善担保方式，吸引更多的社会资本投向农业农村。

2. 增加科技供给

增强农业发展的科技支撑。面向农业产业链配置科技资源，建设现代农业产业链技术体系。源头上，加强农业生物技术研发，建设现代农业产业科技创新中心，攻克大动物育种、遗传育种、大型智能装备等领域的关键核心技术，突破产业发展和生态建设瓶颈。应用上，要提升现代农业技术推广服务效能。深入实施科技特派员制度，发展壮大推广队伍，搭建各类农技推广信息平台，深入实施协同推广计划，实现精准高效的指导服务。

3.深化农村土地制度改革

推进土地经营权入股发展农业产业化经营试点，创新土地经营权入股的实现形式，让土地要素参与收入分配，让农民获得更多的财产性收入，缩小城乡收入差距，稳定农业农村人才队伍。壮大农村集体经济，激活市场、激活要素、激活主体，为农业高质量发展提供制度和人才支撑。2020年3月30日发布的《中共中央国务院关于构建更加完善的要素市场化配置体制机制的意见》，将进一步深化农村土地制度改革。《意见》指出，深化农村宅基地制度改革试点，完善城乡建设用地增减挂钩政策；制定出台农村集体经营性建设用地入市指导意见，全面推开农村土地征收制度改革；扩大国有土地有偿使用范围，建立公平合理的集体经营性建设用地入市增值收益分配制度。

（二）加快制造强国建设

制造业是立国之本、强国之基。中央经济工作会议指出，要支持战略性产业发展，支持加大设备更新和技改投入，推进传统制造业优化升级。要落实减税降费政策，降低企业用电、用气、物流等成本，有序推进"僵尸企业"处置。要健全体制机制，打造一批有国际竞争力的先进制造业集群，提升产业基础能力和产业链现代化水平。要大力发展数字经济。

1. 既要重视战略性产业的发展，也要推进传统制造业的优化升级

战略性产业是重要的支柱产业，是制造强国建设的重要组成部分，也是拉动经济从衰退周期走向复苏和繁荣周期的根本力量。我国高度重视战略性产业的发展，节能环保、新一代信息技术、生物、高端装备制造、新能源、新材料和新能源汽车等产业不断发展壮大，在许多关键领域与发达国家的技术差距在不断缩小，有很好的发展前景。但规模和质量都有待提升，具体表现为：产业集中度不高，产业技术基础比较薄弱，前瞻性技术创新能力还不够强，支持战略性产业发展的配套政策尚未完全落地。如何通过完善政府采购制度引导战略性产业创新发展，还需要进一步的研究和设计。下一步的发展应该将创新链融入产业链和价值链，协同创新，推动战略性产业高质量发展。

我国传统产业的比重还比较高，产业内部发展水平参差不齐，中低端过剩，高端短缺。传统产业改造升级是我国推动高质量发展的重要任务。要以新发展理念为引领，以科技创新为支撑，提高产业基础能力，不断提升质量和水平。推动人工智能、5G、工业互联网深度融合。

集群式发展是众多产业发展的本质特征。产业集群已经成为国际竞争的焦点。美国的硅谷、波士顿，印度的班加罗尔以及日本的东京、大田等，都是以产业集群的发展为引领，成为带动经济增长的"火车头"。推进我国制造业高质量发展，打造一批具有国际竞争力的先进制造业集群，以此为载体，创新体制机制，多方参与，打通产业链、创新链和资金链之间的通道，完善各类公共服务平台和协调机制，制定以创新为导向的财税政策和产业政策，推动传统制造业和先进制造业联动，提升制造业整体的国际竞争力。

2. 切实降低制造业企业成本

从短期来看，大规模的减税降费一定会带来国家财政收入的减少。但是，从长远看，减税降费带来的却是经济发展活力的增强和财政收入的持续增加。根据拉弗曲线，税收收入多少一般取决于两个因素，即税率高低和税基大小。从短期来看，税基不变的情况下，降低税率确实会造成收入减少。但从长期来看，减税往往能促进企业更好地发展和创造更多财富，从而扩大税基，使得税收收入增加。因此，即使在经济下行压力加大的情况下，进一步为制造业企业减税降费还是十分必要的。例如，进一步用市场化的手段降低企业用电成本和电信资费，通过降准增加资金供给同时降低企业融资成本，等等。长期以来，物流成本高影响着我国制造业的竞争力。对此，一方面要进一步提高物流的标准化和信息化水平，另一方面要打破体制障碍，完善相关基础设施的布局，增强航空、铁路、公路、水运和海运的协同性，从根本上降低整体物流成本。

3. 大力发展数字经济

全球范围内，新一轮科技革命和产业变革正在加速演进，数字经济蓬勃发展，深刻改变着人类生产生活方式，对各国经济社会发展、全球治理体系以及人类文明进程影响深远。数字经济是继农业经济、工业经济之后的一种新的经济社会发展形态[①]，更容易实现规模经济和范围经济，日益成为全球经济发展的新动能和新引擎。习近平总书记指出，"新常态要有新动力，数字经济在这方面可以大有作为"[②]。但是对于什么是数字经济，迄今为止国际上还没有一致公认的说法。有的专家认为，数字经济就是采用数字技术进行经济活动的经济范式。G20杭州峰会发布的《二十国集团数字经济发展与合作倡议》指出，数字经济是指以使用数字化的知识和信息作为关键生产要素、以现代信息网络作为重要载体、以信息通信技术的有效使用作为效率提升和经济结构优化的重要推动力的一系列经济活动。数字经济可以分为两类：一是数字产业化，即信息产业，包括电子信息制造业、信息通信业、软件服务业等；二是产业数字化，即使用信息技术而带来的产出增加和效率提升，也称为数字经济融合。因此，数字经济的发展，既要壮大电子商务、云计算、网络安全等数字产业，也要通过推动互联网、大数据、人工智能同传统实体经济深度融合，发展工业互联网、智能制造、远程医疗等数字化产业新业态，促进传统产业转型升级，站上数字化高地。例如，经过数字化和智能化改造，一家企业的生产线生产效率提高10%以上，能源利用率提高20%以上，企业的竞争力大为提升。只有数字经济与传统产业互为依托、齐头并进，才能真正驱动产业跃向高层次、经济迈向高质量。[③]

　　我国数字经济发展拥有强大的市场优势和发展潜力。据中国信息通信研究院发布的《中国数字经济发展与就业白皮书2019》显示，

[①]　司晓、孟昭莉等：《数字经济：内涵、发展与挑战》，《互联网天地》2017年第3期。

[②]　任保平、赵通：《发展数字经济培育高质量发展新动能》，《光明日报》2019年3月1日。

[③]　余建斌：《数字经济，高质量发展新引擎》，《人民日报》2019年10月21日。

2018 年我国数字经济规模达 31.3 万亿元，同比增长 20.9%，占 GDP
比重为 34.8%；数字经济领域就业岗位 1.91 亿个，同比增长 11.5%，
占总就业人数的 24.6%。数字经济已成为新时代我国发展最迅速、创
新最活跃、辐射最广泛的新型经济形态，是我国经济提质增效、实现
高质量发展的强劲引擎。但同时我国数字经济存在融合不深、创新不
足、应用不广等问题，亟待进一步推进数字产业化、产业数字化，引
导数字经济和实体经济深度融合，打造数字经济新优势，推动经济高
质量发展。

（三）推动服务业高质量发展

目前我国服务业增加值在 GDP 中的比重已经超过 50%，成为经
济增长的主体。但与制造业类似，服务业存在的主要问题，也是规模
大但质量品质有待提高，需要深化服务业供给侧结构性改革，更多依
靠市场机制和现代科技创新推动服务业发展，为实现高质量发展提供
重要支撑。

1. 推动生产性服务业向专业化和价值链高端延伸

生产性服务业包括为生产活动提供的研发设计与其他技术服务，
货物运输、通用航空生产、仓储和邮政快递服务，信息服务，金融服
务，节能与环保服务，生产性租赁服务，商务服务，人力资源管理与
职业教育培训服务，批发与贸易经纪代理服务，生产性支持服务。生
产性服务业与制造业密切相关，有的就是制造业的服务化。因此，提
升生产性服务业的质量和水平十分重要。对此，应进一步增强制造业

与生产性服务业的联动和融合，提高制造业与服务业的匹配程度，实现价值链的整体提升。进一步实施生产性服务业供给侧结构性改革，增加高端供给，减少低端和无效供给。搭建共享创新平台，为生产性服务业发展提供土地、资金、人才和技术支持。加快各类服务标准的制定和完善，用标准引领各类生产性服务业主体提质增效。

2. 推动生活性服务业向高品质多样化升级

生活性服务业与大众生活密切相关，是增进人民福祉、满足人们日益增长的美好生活需要的重要领域。一是充分利用大数据、互联网技术改造提升传统生活性服务业，发展电商网购、在线服务等新业态，增加服务种类，提高服务品质。二是抓住重点，补足短板。随着人口老龄化的不断加深和人口城镇化的不断推进，人民群众对养老服务和婴幼儿入托的需求增长迅猛，解决好"一老一小"问题日益急迫和重要，需加快建设养老服务体系，支持社会力量发展普惠托育服务。提升旅游业和体育健身产业的发展质量，满足人们日益增长的休闲、旅游、文化、健康等需要。

五、强化基础设施建设

基础设施是国民经济和社会发展的基石，是拉动内需促进经济增长的重要手段。基础设施依然是我国城镇化和供给侧结构性改革的短板，特别是在铁路、公路、机场、水运、水利、公共服务、农业农村、生态环保、棚户区改造方面还存在区域的不协调。分区域补齐短板是推动高质量发展的迫切需求。中央经济工作会议指出，要着眼国家长远发展，加强战略性、网络型基础设施建设，推进川藏铁路等重大项目建设，稳步推进通信网络建设，加快自然灾害防治重大工程实施，加强市政管网、城市停车场、冷链物流等建设，加快农村公路、信息、水利等设施建设。

除了传统的基础设施需要加快建设外，未来推动高质量发展也离不开新型基础设施。2018 年中央经济工作会议围绕"促进形成强大国内市场"重点工作，提出要"加快 5G 商用步伐，加强人工智能、工业互联网、物联网等新型基础设施建设"。2019 年 7 月 30 日，中共中央政治局会议针对下半年经济工作部署，提出要"加快推进信息网络等新型基础设施建设"，2020 年 3 月 4 日中央政治局常务委员会召开会议，会议要求加快 5G、数据中心等新型基础设施建设进度。当前，新一代信息技术与实体经济正在加速深度融合，5G、工业互联网、智能计算等新型基础设施的发展将激发更多需求，以"新基建"促进"新消费"，将对实体经济产生全方位、深层次、革命性的影响，我国推动新型基础设施，将产生长期性、大规模的投资需求，可以在稳投资中发挥巨大作用，同时也会优化整体投资结构，加快传统领域技术改造和转型升级。将有助于把握住数字化、网络化、智能化融合发展契机，实现中国智能制造战略性升级和高质量发展。此外，随着物与物、物与人、物与网络的连接逐步实现，充分利用新一代信息技术，能够有效提升传统基础设施建设质量、运行效率、服务水平和管理水平。在加快新型基础设施建设过程中，应注意充分发挥市场的力量，调动更多的社会资本参与其中，既要重视它的公益性，也要强调其经济性，合理布局，避免一哄而上重复建设。

六、加快落实区域发展战略

区域协调发展是高质量发展的应有之义，是推动高质量发展的重要任务，也是推动高质量发展的新动力。要加快落实区域发展战略，完善区域政策和空间布局，发挥各地比较优势，构建全国高质量发展的新动力源，推进京津冀协同发展、长三角一体化发展、粤港澳大湾区建设，打造世界级创新平台和增长极。要扎实推进雄安新区建设，落实长江经济带共抓大保护措施，推动黄河流域生态保护和高质量发展以及成渝地区双城经济圈建设。要提高中心城市和城市群综合承载能力。

我国区域协调发展已经取得了伟大成就。特别是党的十八大以来，在西部大开发、东北振兴、中部崛起和东部率先发展战略不断深化的过程中，京津冀协同发展、长江经济带、粤港澳大湾区、长三角一体化等战略稳步推进，新的增长极增长带加快形成，区域整体实力和竞争力明显增强，我国区域协调发展不断向着更加均衡、更高层次、更高质量方向前进。但同时也要看到，区域经济发展分化态势明显，发展动力极化现象日益突出，部分区域发展面临较大困难。

我国已经转向高质量发展阶段，对区域协调发展提出了新要求。不能简单要求各地区在经济发展上达到同一水平，而是要根据各地区的条件，走合理分工、优化发展的路子。[①] 不平衡是普遍的，要在发展中促进相对平衡。这是区域协调发展的辩证法。因此，推动区域协

---

① 习近平：《推动形成优势互补高质量发展的区域经济布局》，《求是》2019 年第 24 期。

调发展中应遵循如下原则：一是尊重客观规律。让市场在资源配置中起决定性作用，形成以城市群为主要形态的高质量发展的动力源。二是发挥比较优势。经济发展条件好的地区、生态功能区、边疆地区等要各自发挥优势，为高质量发展提供物质、生态、国家安全等全方位的支撑。三是完善空间治理。分类精准施策，构建主体功能约束有效、国土开发有序的空间发展格局。四是保障民生底线。区域协调发展的基本要求是基本公共服务均等化和基础设施通达程度比较均衡。这就需要完善各项制度，落实好各项政策。一要打破区域间市场壁垒、行政垄断，形成全国统一的、竞争有序的商品和要素市场；二要完善财政转移支付制度，特别是增加对重点生态功能区、农产品主产区和困难地区的转移支付；三要建立包括区际利益补偿、纵向生态补偿在内的市场化、多元化的全面生态补偿制度；四要加快改革完善土地管理制度，让优势地区有更大的发展空间；五要尽快实现养老保险全国统筹。

（执笔人：陈宇学教授）

党的十八大以来，以习近平同志为核心的党中央把脱贫攻坚工作摆在治国理政的突出位置，2020 年是全面建成小康社会的收官年，也是脱贫攻坚战的决战年，要确保脱贫攻坚任务如期全面完成。

　　要打好打赢深度贫困歼灭战，持续提升脱贫的稳定性和可持续性，促进脱贫攻坚与乡村振新有机衔接。做好疫情"加试题"，坚决克服新冠肺炎疫情影响，坚决夺取脱贫攻坚战全面胜利。

第三章

确保脱贫攻坚任务如期全面完成

　　确保脱贫攻坚任务如期全面完成是全面建成小康社会的底线要求。当前，我国脱贫攻坚已经到了最后的收官阶段。2020 年《政府工作报告》提出要不懈推进脱贫攻坚，确保今年在现行标准下农村贫困人口全部脱贫，贫困县全部摘帽。现阶段，全国脱贫攻坚应从打赢深度贫困歼灭战、全面巩固脱贫攻坚成果、积极应对防范返贫现象、建立解决相对贫困问题长效机制等几个方面展开，多策并举、统筹推进，全面巩固提高脱贫质量，增强脱贫的可持续性，高质量打好脱贫攻坚的收官之战。

一、打赢深度贫困歼灭战

（一）准确理解深度贫困的含义

衡量一个国家或地区的贫困水平，通常有两个主要的指标，一是贫困发生率，二是贫困深度。贫困发生率是指生活在贫困线以下的人口占总人口的比重，是衡量贫困人口数量多少的直观指标；贫困深度是指贫困人口的平均收入水平相对贫困线的差距，是理解贫困人口的总体贫困程度的关键指标。对贫困深度的考察，可以使人们加强对降低贫困人口贫困程度的关注而不是仅仅关注减少贫困人口的数量。

由贫困深度的概念可知，深度贫困就是指收入水平与贫困线差距较大的贫困地区和贫困人口，它不仅包括基础设施和社会事业发展滞后、社会文明程度较低、生态环境脆弱、自然灾害频发的集中连片特困地区，也包括一般贫困地区中的少数收入水平极低的贫困户。在扶贫开发过程中，基础条件相对较好的贫困地区和收入相对较高的贫困户是比较容易借助扶贫项目实现脱贫的，在脱贫攻坚的早期，率先摆脱贫困的也是以这些贫困程度较轻的地区和人群为主，而越到后期，剩下的贫困地区和人群的贫困程度也就越深，越是脱贫攻坚难啃的硬骨头。当前，脱贫攻坚已经到了最后的冲刺阶段，深度贫困问题开始凸显出来，能否成功破解深度贫困问题，决定着摆脱贫困这场攻坚战能否取得最终的胜利。

（二）破解深度贫困地区脱贫的难点

深度贫困的形成有自然地理条件等客观原因，也受到扶贫开发战略模式的深刻影响，同时还在一定程度上取决于地方政府在推进扶贫工作中具体战术层面的安排。有效破解深度贫困问题，首先需要搞清楚深度贫困形成的原因，找到推动深度贫困地区和人群脱贫的难点，进而采取相应的举措，开展更加有力的工作。

破解深度贫困的第一个难点是深度贫困地区扶贫开发的成本较高。深度贫困地区远离中心乡镇，普遍存在生产要素缺乏、生态环境脆弱、基础设施条件较差等问题，加之人们的思想观念落后、文化素质不高和抗风险能力不足，在扶贫开发过程中，往往需要比一般贫困地区有更多的投入。然而在现行的扶贫资金管理体制下，资金的使用途径往往被严格限定，"打酱油的钱不能买醋"，项目安排"碎片化"和资金投入"撒胡椒面"的现象仍然较为普遍，不仅扶贫资金的投向与深度贫困地区的实际需求存在脱节，一些重要的扶贫项目也因为投入金额有限和地方配套能力不足而难以解决根本问题。资金不足导致深度贫困地区扶贫开发项目建设的标准较低、质量较差，对基础设施和生产条件的改善程度有限，因一次性投入不足而导致的重复建设现象较为普遍，同时也很容易导致贫困户脱贫基础不稳、脱贫后再次返贫等情况的出现。

破解深度贫困的第二个难点是深度贫困人口难以对接扶贫资源。长期以来，我国的扶贫开发模式是以国家选定的扶贫重点县和重点村为依托，实行整区域推进式扶贫，包括修建道路、饮水工程、学校，搬迁移民和开发产业等类型。这种扶贫方式带有地区开发的特征，对扶贫项目建设区域的农村经济发展作用显著，贫困程度较轻的贫困户可以迅速脱贫甚至致富，原本收入略高于贫困线的低收入人群也能明显受益，但是对于深度贫困者来说，在面对扶贫资源时，由于其经济参与能力较弱，往往很少能够享受到农村公共品供给和生产、生活条件改善带来的切实好处，使得这种开发式扶贫表现出"益贫困地区"大于"益贫困户"的特征。近年来，随着精准扶贫战略的实施，对贫困户的瞄准精度有所提高，但不少帮扶项目仍然对贫困户设有入门要求，例如有的项目要求贫困户必须要缴纳一定数额的配套资金，还有的要求贫困户具备相关的专业技术和市场渠道，深度贫困户无法达到要求只能选择放弃，扶贫项目的受益者主要是能够达到入门要求的非深度贫困户，以及那些所谓懂技术懂市场的产业大户。很多扶贫产业虽然发展起来了，市场回报也很不错，但是却与深度贫困户无关，"扶农不扶贫"的现象依然较为突出。

破解深度贫困的第三个难点是地方政府的扶贫目标导向与降低贫困深度相冲突。在扶贫资源有限的条件下，减少贫困人口数量和帮助最贫困群体这两个目标之间存在着一定的矛盾，地方政府面临的选择是要么较多地减少贫困人口的数量，要么较大地降低贫困的程度。当前，各级地方政府在考核扶贫效果的时候，普遍以贫困发生率的下降作为唯一的参考指标，而对贫困深度指标缺乏关注。因此，为了获得更为引人注目的扶贫成果，各地往往倾向于将扶贫资源集中投向贫困程度较低的贫困人口，使这些接近贫困线的人口的收入水平能够在短时期内迅速提高，从而大幅度地降低贫困发生率。这样一来，必然导致深度贫困的群体被忽视，或者至少受益不多，在贫困人口比重大幅度下降的同时，剩余的贫困人口的平均收入水平提升缓慢，与持续提升的贫困线的差距更大，贫困程度加深。尽管贫困人口的数量和比重已经大大下降，剩余贫困人口的脱贫却需要比以前更多的资金投入，在现行的以降低贫困发生率为核心目标的政策导向下，地方政府如果倾向于帮扶贫困程度较低者，将会增加深度贫困群体脱贫的难度。

（三）以超常举措破解深度贫困问题

深度贫困是"贫中之贫，困中之困"，是脱贫攻坚战中最硬的一仗。如果按照常规思路和办法，按部就班，就无法破解深度贫困问题，难以完成全面脱贫任务。习近平总书记反复强调，"要采取超常举措，拿出过硬办法，按照精准扶贫、精准脱贫要求，用一套政策组合拳，确保在既定时间节点打赢扶贫开发攻坚战"①。实践证明只要高度重视、思路对头、措施得力、工作扎实，深度贫困是完全可以战胜的。

首先，加大对深度贫困地区的投入支持力度，整合使用扶贫资金。要坚决贯彻"三个新增"，即新增脱贫攻坚资金主要用于深度贫困地区，新增脱贫攻坚项目主要布局于深度贫困地区，新增脱贫攻坚举措主要集中于深度贫困地区。坚持专项扶贫、行业扶贫、社会扶贫三位一体的大扶贫格局，强化东西部扶贫协作和对口帮扶机制。同时，要加大各种名目的扶贫和涉农资金整合力度，进一步下放资金项目的审批权限，鼓励将扶贫资金整合使用于深度贫困地区的重点项目，率先在深度贫困地区形成"多个渠道引水、一个龙头放水"的扶贫投入新格局。

---

① 人民网：《习近平：采取超常举措拿出过硬办法打赢扶贫开发攻坚战》，2015 年 5 月 29 日，见 http://finance.people.com.cn/n/2015/0529/c1004-27076329.html。

其次，将区域发展与精准扶贫相结合，提高对深度贫困人口的瞄准精度。要将扶贫模式由"大水漫灌"转变为"精准滴灌"，区域开发和扶贫项目的实施要充分考虑到深度贫困人群的实际，取消不合理的资金配套和技术门槛要求。要重点发展深度贫困人口能够受益的产业，交通建设项目要尽量向进村入户倾斜，水利工程项目要向深度贫困村和小型农业生产倾斜，生态保护项目要提高深度贫困人口的参与度和受益水平。充分发挥深度贫困地区后发优势，因地制宜、因人施策，用好自然生态、风土人情等资源，大力发展特色农牧业、旅游业等，推进移风易俗，树立健康文明新风尚，建立深度贫困地区稳定脱贫的长效机制。

最后，调整扶贫工作成效考核标准，建立以减轻贫困深度为目标的政策导向。要合理确定脱贫目标，将深度贫困地区群众的"两不愁、三保障"标准放在突出位置，坚持时间服从质量，在脱贫数量上不搞层层加码，决不能违背客观规律"拔苗助长"。要扭转只关注减贫人口数量而忽视减轻贫困程度的误区，将贫困深度指标与贫困发生率指标同时作为考核地方政府扶贫工作成效的重要标准，以此来引导扶贫政策的制定者和执行者更多地关注贫困深度问题和深度贫困群体。

二、全面巩固脱贫攻坚成果

确保脱贫攻坚任务如期全面完成，除了解决剩下的深度贫困人口脱贫问题，同样重要的是全面提高脱贫的质量，增强脱贫的稳定性和可持续性，防止已脱贫的人口返贫和新发生贫困人口。据调查，在全国已脱贫的 9300 多万建档立卡贫困人口中，近 200 万人存在返贫风险；在边缘人口中，近 300 万人存在致贫风险。因此，如何全面巩固提升脱贫攻坚成果，防止返贫和新发生贫困，将是 2020 年乃至"十四五"前期需要解决的一项艰巨任务。

（一）要严把贫困人口退出关

从各地公布的数据来看，2019 年不少地区贫困发生率均出现大幅度下降，如甘肃省贫困发生率由上年的 5.6% 下降到 0.9%。在当前收官阶段的"快速"脱贫中，一定要按照中央确定的现行标准和相关程序严格把关，切实做好贫困人口退出和贫困县摘帽工作，坚决杜绝数字脱贫、纸上脱贫、虚假脱贫，确保脱贫成效没有"水分"，做到真脱贫、脱真贫。

（二）要保持扶贫政策相对稳定

对于已经脱贫的贫困人口，要"扶上马、送一程"，在近期内保持政策的稳定性、连续性，做到脱贫不脱政策，以增强其自我发展能力。尤其是对于已经摘帽的贫困县，各地要采取有效措施，认真落实"四个不摘"，即摘帽不摘责任、摘帽不摘政策、摘帽不摘帮扶、摘帽不摘监管。同时，应尽快制定实施减少相对贫困和支持相对贫困地区的有关政策，并切实做好扶贫攻坚与乡村振兴的有效衔接工作。

（三）防范和应对风险冲击型贫困现象

一般来说，诸如金融危机等周期性冲击是躲不开的，由此造成的贫困现象仍会反复出现，并且会波及农业和农村经济，因此农村脱贫工作也需要密切关注，不容有丝毫的懈怠。农户面对市场各种风险时脆弱性尤其突出。在 2018 年农户可支配收入中，工资性收入占 41.0%，经营净收入占 36.7%，两者合计占比高达 77.7%。这两个部分收入的共同特点是受市场风险的影响很明显，非农就业机会的冲击或者农产品市场风险，对农户收入影响很大。特别是收入水平在贫困标准上下的低收入农户，更易受到各种外部冲击的不利影响。此外，除了宏观经济周期现象相关的因素，如农产品市场相关的风险、劳动力外出环境以及劳动力供求关系变化等，相对贫困的农户还容易受到来自农业的自然风险和家庭意外事件的影响。

（四）要防止返贫和新发生贫困

防止返贫是提高脱贫质量的关键，也是打好脱贫攻坚战的根本。一方面，要通过产业扶贫、教育扶贫、医疗扶贫、社会保障扶贫等多种途径，增强贫困农户的自我发展能力，形成具有竞争力的长效扶贫产业，建立农民持续稳定增收和减贫的长效机制，从源头上消灭造成返贫和新发生贫困的土壤。另一方面，要进一步完善农村贫困监测体系，加强对返贫人口和新发生贫困人口的监测，对返贫人口、新发生贫困人口以及临近贫困线的低收入人口，要在深入调查的基础上分类制定差别化的扶持政策。此外，要谨防农村贫困向城市转移。当前，我国的城镇化仍处于快速推进阶段。在推进新型城镇化的过程中，要高度关注进城务工农民的工资、住房、小孩上学、医疗、社会保障等问题，切实维护他们的合法权益，加快推进农业转移人口市民化进程，扎实做好城中村和城市边缘区改造，谨防农村贫困伴随城乡人口迁移向城市转移。[①]

（五）密切关注和积极应对农村新的致贫因素

两类与人口变动相关的情况容易成为农村新的致贫因素，值得高度警惕。其一，农村 16 岁至 19 岁年龄组人口从 2014 年开始进入负增长，意味着每年外出务工的人数减少，对农户获得的工资性收入产生不利影响。其二，随着人口老龄化程度加深，老年人口和残疾人口规模的扩大，将导致失能人群增加，形成新的贫困人口来源。老龄化本身及其派生的失能问题都会导致劳动能力丧失或弱化。由于青壮年劳动力外出，老龄化的程度在农村比在城市更显严重，如 2015 年 1% 人口抽样调查数据表明，65 岁及以上人口占全部人口的比重（老龄化率），城镇为 7.7%，而农村高达 10.1%。这些人口因素将是不可逆转的长期趋势，始终构成对巩固脱贫成果的严峻挑战，既需要在应对人口老龄化战略中予以考虑，也要求我们已有的扶贫经验和工作机制能够与时俱进，积极适应和应对。[②]

---

① 魏后凯：《高质量打好脱贫攻坚收官之战》，《农村工作通讯》2020 年第 4 期。
② 蔡昉：《探讨脱贫攻坚战略的"未来升级版"》，《农业·农村·农民》2020 年第 2 期。

三、以市场为导向推进可持续的产业扶贫

（一）中国式贫困的根源在市场环节

　　贫困的发生有多重原因。除去个体的生理和心理方面的缺陷外，一个最重要的共性致贫因素是劳动者缺乏生产资料或无法与生产资料相结合。从世界范围来看，亚、非、拉等许多发展中国家普遍没有经历过彻底的土地革命，普通劳动者缺乏从事农业生产经营所必需的土地，因而极易成为一无所有的赤贫人群。也正因此，世界上其他发展中国家的扶贫主要是以教育、医疗卫生以及直接的粮食援助等形式为主，几乎没有依托于土地等生产资料的产业扶贫。由于新中国在成立之初经历了彻底的土地改革，在改革开放之后实行了家庭联产承包责任制，几乎所有的农民都拥有土地等生产资料，这使得产业扶贫成为最具中国特色的扶贫模式。

　　接下来的一个问题是，既然有生产资料，为什么贫困还会在中国发生？从中国的地形图上看，中西部三分之二的国土是高原、荒漠、山地等自然条件比较恶劣的地区，这些地区的交通、通讯、网络等基础设施的水平较低，同时距离人口稠密的东部沿海地区有较远的距离，而我国的 14 个集中连片特困地区恰恰全部都位于这些地区。可以说，山高路远是中国贫困地区的共性特征，由于地理区位因素导致农产品无法到达东部人口稠密地区的市场也是这些地区只能从事生存型农业、进而导致贫困的重要原因之一。

　　除了因地理区位导致产品无法到达市场之外，另一个重要的致贫

因素是小农户难以对接大市场。中国农业生产的基本组织形式是小规模分散经营的小农经济。即使不存在交通运输上的困难，小农经济由于自身能力所限，在直接面对风险巨大的市场时也会暴露出明显的脆弱性。周期性的价格波动很可能使赶不上市场步伐的小农户所经营的产品价格跌到成本之下，导致产出越多亏损越大，甚至由此致贫或返贫。

可见，中国贫困发生的主要原因并非是由于缺乏生产资料导致的产出不足，而是生产出来的产品无法到达市场，或无法对接市场的需求。因此，中国式贫困的根源并不在生产环节，而是在市场环节。

（二）产业扶贫"重生产、轻销售"的隐患

重视前期农业生产，忽视后期的产品销售是目前产业扶贫比较突出的问题。当前，行政主导下的扶贫项目倾向于关注产业的规模、技术、生产等有形状态，在销售领域更多地依靠培育的龙头企业。众多分散的农户在组织性强的龙头企业面前，谈判能力明显不足。即使成立专业合作组织解决市场销售问题的扶贫项目，受制于地理位置偏僻、运输成本高、远离市场、信息闭塞、基础设施薄弱等因素，加之合作社内部组织管理松散，在具有信息资金优势的收购方面前仍处于劣势。收购方以压级压价等方式蚕食农产品价值，农业利润最终被销售商和终端环节攫取，政府通过多种方式支持的扶贫项目的收益最终却落到了非农产业中，农户仍旧未从产业化扶持中享受到较多的市场收益。

为解决小农户面临的大市场问题，产业扶贫常采用"公司＋基地＋农户"等方式，围绕主导产品进行生产、加工、销售。但普遍存在的问题是，生产销售各个环节的关联性不强，没有形成一条完善的产业链，不能很好地挖掘出产品具有的经济潜力，对市场风险的抵御能力不强。农民经纪人、农产品加工和批发商等商业主体数量少，企业和合作社带动的产业项目与贫困户利益联结不紧密，贫困人口难以分享收益。

近年来，我国农业生产成本持续较快上涨，而国际农产品价格持续下跌，国内外农产品价差越来越大，"洋货入市、国货入库"的问题突出，呈现出生产量、进口量、库存量"三量齐增"的现象，农业供给侧结构性改革任务艰巨。以行政方式上马的扶贫项目，缺乏对产品的市场需求和趋势的深入了解，对市场的滞后性、盲目性等特点考虑不足，使产业扶贫项目很难发挥效果，甚至出现引导的产业无销路，生产资源浪费，群众对扶贫行为不满意，财政投入效益低等现象，严重影响了产业扶贫开发项目的可持续性。例如，西南一些省份前些年大规模种植核桃，出现了盲目扩张的现象。当前我国核桃种植面积已经超过8000万亩，预计未来1—2年丰产期到来后，产量将占世界核桃产量的80％。据调查，一些核桃主产区的价格已经出现下滑，生产急速扩张的背后，市场隐忧开始浮现。

（三）建立市场导向的产业扶贫模式

优化贫困地区产业发展环境是建立市场导向的产业扶贫模式的基本前提。一方面，要加强基础设施建设。在加大对交通、电力、通讯、网络等基础设施建设投入力度的同时，要加大资金整合力度，提高资金使用效率，集中力量突破基础设施瓶颈，加强贫困地区与外界的联系，便于产品的输出和信息的输入。另一方面，要完善扶贫产业的支撑保障体系。要强化科技服务支持，提高产品质量标准，稳步有序地将本地优势产业培育打造成特色品牌，以严格规范的管理提高产品的市场认同。要加快建立特色农产品收储制度，奖补对农产品收储公共品进行投资的新型经营主体，鼓励其对农户提供全产业链服务，提高贫困户对市场价格波动风险的应对能力。

构建贫困农户的利益联结机制是建立市场导向的产业扶贫模式的重点举措。通过发展"公司＋合作社＋农户"等方式虽然能克服小农户无法对接大市场的问题，但如果不能建立农户与产业项目紧密的利益联结机制，贫困户也很难从中受益。要探索多种形式的贫困户利益联结机制，将贫困户纳入现代产业链中。例如，可以将扶贫资金提供给带动能力强、产业基础好的合作社，并将资金折股量化到贫困户头上，使这些发展能力差的贫困户也能享受到股金分红，同时贫困户将土地流转给公司或合作社来获取稳定的土地租金收入，鼓励贫困户为公司或合作社出工来获取工资收入。一些地方还探索了联户合作生产的模式，在明确联户中贫困户的比例、贫困户产权和收益分配比例的前提下，由养殖大户带动贫困户统一组织生产，解决贫困户的技术和市场问题。

把握好政府与市场的关系是建立市场导向产业扶贫模式的根本要求。政府的主要职责是营造良好的市场环境，加强对农业的支持与保护，而不能为了完成脱贫任务，就不顾市场容量和环境容量，一味地扶持传统农业产业，为了脱贫而盲目发展产业。产业扶贫固然需要包括政府、社会、企业在内的多方参与，但是必须尊重客观规律，而这个客观规律，既包括当地自然环境和产业基础，也包括外部的市场容量和市场环境。只有充分研究分析当地发展农业产业化的内外部环境，在尊重市场规律的前提下，出台相关扶持政策，引导各类新型农业经营主体根据产业特点和市场情况自主决定产业发展，增强农产品供给结构的适应性和灵活性，通过创新产品供给，为消费者提供更丰富、更优质、更适销对路的产品，才能达到产业扶贫的目的。

四、积极应对疫情对脱贫攻坚的影响

当前，既要做好疫情防控工作，又要坚决完成脱贫攻坚任务，必须在党的坚强领导下，充分发挥中国特色社会主义的制度优势，加大各方帮扶力度。坚持全国一盘棋，调动各方面积极性，集中力量办大事，这是我国国家制度和国家治理体系的一个显著优势。这一优势在我国应对众多严峻挑战中发挥了重要作用，取得了显著成效。在这次抗击疫情的斗争中，通过加强重点医疗防控物资全国统一调度，充实医疗救治队伍力量等，在较短的时间内使疫情防控形势明显向好的方向转化。要把这一宝贵经验用在脱贫攻坚工作中，充分发挥制度优势，决胜脱贫攻坚收官战。

（一）科学合理调配扶贫资源

要根据疫情和脱贫攻坚形势的新变化，更有针对性地出台新的举措，集中调配资源。要充分运用更加积极有为的财政政策，加大转移支付、减税降费的力度，更好地为贫困地区服务；要加大对贫困地区的金融支持力度，支持贫困地区实体经济的恢复与发展。

（二）深化政府间协作扶贫

要优化扶贫协作和对口支援工作机制，帮扶工作要深入基层一线，措施要落在具体项目上。东西部扶贫协作和对口支援，充分彰显了我们的制度优势，必须长期坚持下去，形成层层包干、任务到基层的责任机制。经济发达地区应主动担起责任，帮助贫困地区解决因疫情而出现的问题。企业复工复产，可优先面向对口支援的贫困地区进行招工；安排建设项目，可主动找贫困地区进行对接配套，助力打好脱贫攻坚战。

（三）积极发挥扶贫龙头企业的重要作用

扶贫龙头企业对贫困地区发展相关产业具有很好的带动作用，是促进贫困地区形成内生发展机制的一条有效途径。有关部门和金融机构应大力支持龙头企业发展相关扶贫产业，扶贫龙头企业也要彰显社会责任，在抗击疫情和决战脱贫攻坚中体现自身价值。同时，贫困地区要毫不动摇地统筹推进疫情防控和脱贫攻坚工作，更加积极地与经济发达地区紧密对接，主动为发达地区的项目进行配套，为发达地区企业在本地招工做好服务工作，通过更加细致而有效的工作，打通脱贫攻坚的"最后一公里"，确保完成如期脱贫的既定目标。①

五、建立解决相对贫困问题的长效机制

（一）在标准上对相对贫困进行合理界定

当前，我国的扶贫标准是农民人均纯收入 2300 元（2010 年不变价），随着 2020 年以后绝对贫困的消除，新的扶贫工作不应再有统一的标准。一方面，在全国层面不应再设定一个统一的收入水平作为贫困线，取而代之的是设定一个人均可支配收入比例，在该比例以下的为相对贫困人口。这一做法也符合国际惯例，例如，欧盟规定，个人收入低于国家平均收入水平 60％的人即为贫困人口。相应地，我国在制定相对贫困的具体标准时，也应结合我国的实际科学合理地设置相应的比例。另一方面，由于全国各地的发展水平不一样，未来各地的相对贫困标准也应有所不同，不应再像过去一样有全国统一的标准。事实上，目前已经有很多省开始探索符合本地实际的贫困标准的划定，例如，浙江省在 2012 年就将本省的扶贫标准定为 4600 元，是全国标准的两倍，也是各省中最高的。从相对比例来看，浙江省的扶

① 徐康宁：《精准施策是决胜脱贫攻坚的关键》，《农业·农村·农民》2020 年第 3 期。

贫标准占全省农民人均可支配收入的 40.7%，比国家扶贫标准占全国农民人均可支配收入比重高出 1.8 个百分点。

（二）在目标上实现从降低贫困发生率向建立防止返贫机制的转变

经过几年的艰苦努力，精准脱贫取得显著成效，全国的贫困发生率已经下降到很低的水平。然而正是在当前这个冲刺阶段，一些基层干部产生了"毕其功于一役"等急躁心理，对脱贫攻坚的全局性、长期性认识不足。还有一些地方在脱贫摘帽以后对巩固成果重视不够、力度减弱，脱贫之后再次返贫的现象时有发生。对此，中央近年来已经采取了一系列措施，巩固脱贫成果、防止返贫工作取得初步成效。根据建档立卡的数据显示，2016 年全国返贫 68 万人，2017 年返贫 20 万人，2018 年返贫 6 万人，总体呈逐步减少趋势。因此，从现在开始到 2020 年之后，各级地方政府更要把工作重点从快速降低贫困发生率向建立健全稳定脱贫工作长效机制上转变，既要严把贫困退出关，又要扶上马送一程。一方面，要以规划作引领，夯实长效脱贫基础、构建脱贫和防范返贫的长效机制，综合运用产业、教育、健康、职业技能培训、整村推进、易地搬迁、保障兜底等各类脱贫举措，将精准脱贫任务变为培育地方经济新增长极，培育贫困地区新的经济增长点；另一方面，要培育贫困人口脱贫的内生动力，立足长远、扶智优先，加大对贫困地区的教育帮扶力度，把提高人的素质作为脱贫减贫、防止返贫的治本之策。

（三）在工作方式上从以解决收入贫困为主向解决多维贫困转变

所谓"多维贫困"，是指在经济收入之外，还将健康、教育、生活水平等多个方面纳入考量的贫困状态，它更注重于考察个人将拥有的资源转换为其可实现的价值的能力强弱，也是目前联合国开发计划署在全球范围内判定贫困状态的通行标准。我国在 2013 年提出精准扶贫工作机制之后，一直以将贫困人口的收入提高到 2300 元的贫困线以上为主要目标。2015 年，中央扶贫开发会议提出了"两不愁、三保障"的脱贫目标，即到 2020 年稳定实现农村贫困人口不愁吃、不愁穿，农村贫困人口义务教育、基本医疗、住房安全有保障。应该说，"两不愁、三保障"是对单纯收入标准的有益补充，体现出国家已开始关注贫困人口除收入以外的福利状况，并且在进行从多维视角考察贫困的探索。但是，在当前的扶贫工作实践中，提高贫困人口的收入水平仍然被当作最主要的任务，包括产业扶贫、电商扶贫、异地搬迁等诸多扶贫开发方式大多仍以提高贫困户收入水平为核心目标。此外，"两不愁、三保障"这一多维贫困判定的标准仅适用于"十三五"期间，在标准上相对较低，还不能完全满足解决相对贫困问题的要求。因此，在 2020 年消灭绝对贫困之后，我们需要尽快建立起一套更加科学合理且符合中国实际的多维贫困判定标准，并以此作为未来开展扶贫工作的主要导向，从根本上提高相对贫困人口的脱贫致富能力。

（四）在工作领域上从以解决农村贫困为主向统筹城乡扶贫转变

我国自启动扶贫开发工作以来，扶贫对象主要针对农村贫困人口，城市贫困问题并未被纳入精准扶贫的工作领域。但是，随着我国城镇化的快速推进，每年都有上千万人从农村转移到城市，由于城市的生活成本远高于农村，许多人本来在农村不算贫困，但进入城市之后就成了城市的贫困人口。他们一方面失去了农村扶贫体系的覆盖，另一方面又并未被及时纳入城市最低生活保障体系，处于城市和农村"两不管"境地，极大地增加了相对贫困的发生概率。对此，要在加快推进户籍制度改革以实现城市基本公共服务常住人口全覆盖的基础上，将反贫困政策体系延伸到城市领域，统筹城乡两个空间单元的扶贫开发工作，把对农业转移人口的帮扶作为城市扶贫工作的重点。

（五）在体制机制上从多头管理向归口管理转变

为了如期在 2020 年实现全面脱贫，我们采取了很多超常规的举措，建立了包括专项扶贫、行业扶贫、社会扶贫、东西部协作扶贫在内的多位一体的大扶贫体系。这些举措能够在短时间内凝聚全社会的力量，集中全力实施攻坚，取得较好的效果。但是，将扶贫任务分配到各个行业部门，也很容易造成碎片化分割管理的局面，使得教育部门管上学、卫生部门管医疗、民政部门管低保、交通部门管修路、建设部门管住房、农业部门管产业、扶贫部门管开发，长远来看并不利于巩固脱贫成效、防止返贫发生。各级扶贫办作为职权相对有限的政府机构，本身不具备统筹协调各个行业部门的能力，因此，未来应探索建立社会发展部门，将涉及相对贫困群体帮扶的各项工作统筹起来，把扶贫开发、社会保障、医疗救助、教育培训等问题放在一起综合考虑，更有利于长久地、稳定地解决贫困问题。

六、促进脱贫攻坚与乡村振兴有机衔接

习近平总书记强调，对脱贫攻坚与乡村振兴的衔接问题要及早谋划、早作打算，2020 年后，针对绝对贫困的脱贫攻坚举措要逐步调整为针对相对贫困的日常性帮扶措施，并纳入乡村振兴战略架构下统筹安排。对此，当前应从以下几个方面着手。

（一）推动农村基础设施建设有机衔接

把基础设施建设作为相当长一个时期内衔接工作的重点。推动"扶贫路"提档升级，深入实施"四好农村路"建设，对脱贫村公路实施路面改造工程，逐步提高公路等级。接续推进农村地区水利建设，统筹规划建设重点水源工程，发展高效节水灌溉试点，实施农村饮水安全巩固提升工程，让农民群众喝上"放心水"。深入实施新一轮农网升级改造工程，加强贫困地区低电压线路改造，优化区域电网结构，增强电力保障能力。大力改善农村地区通信设施，推动宽带网络向农村延伸，适时在农村布局 5G 网络建设。加快推进高标准农田建设和"宜机化"改造，优先支持深度贫困地区开展高标准农田建设，

提高贫困地区农业机械化应用水平。

（二）推动乡村产业发展有机衔接

坚持长短结合，推动扶贫产业由短平快为主的特色种养产业向以二三产业为牵引的长效产业发展。巩固扶贫产业发展成果，继续精准帮扶建卡贫困户稳定发展特色种养业，向农村低收入户扩大产业项目覆盖。着力延伸乡村产业链条，培育长效扶贫产业，因地制宜发展农产品产地加工、乡村休闲旅游和农村电商。加快打造区域性产业集群，加强贫困地区与非贫困地区的产业统筹，做实做细"串点连线""补链成群""集中连片"的发展工作。提高乡村产业大数据智能化应用水平，推动长效扶贫产业向"互联网＋农业"发展，鼓励"互联网小镇"创建。

（三）推动农村基本公共服务供给有机衔接

加强农村基本公共服务供给，持续缩小城乡基本公共服务差距。持续改善乡村教育，科学布局农村学校，加强乡镇寄宿制学校、乡村小规模学校建设，配强师资力量。持续提升乡村医疗卫生水平，推进农村基层医疗卫生机构改扩建，改善医疗硬件设施；配齐乡村全科医生，确保小病不出村、大病不出县；改进现有医疗保障体系，逐步降低农村居民医疗费自付比例。持续加强乡村社会保障，将符合条件的低收入人口纳入农村最低生活保障，逐步提高农村基础养老金标准和特困人员供养水平。持续推进乡村治理创新，完善村民自治管理、民主监督和"一事一议"制度，推进平安乡村建设。

（四）推动农村人居环境整治有机衔接

贫困地区整体脱贫摘帽后，应将农村人居环境整治作为推进乡村振兴的第一场硬仗。要分类分档时序化推进，贫困村未脱贫前不开展农房风貌整治，第一档村重点实施"厕所革命"整村推进，第二档村以基础设施、公共服务、村容村貌提档升级为目标，第三档村以建设生态宜居美丽乡村为目标。扎实推进危旧房改造整治，到2020年动态消除建档立卡贫困户等重点对象存量危房，分阶段分步骤推进农村旧房整治提升，推动农户住房由"住得安全"向"住得舒适"转变。有序开展生态移民搬迁，逐步迁出自然保护地核心区和缓冲区、生态环境脆弱区内的居民，促使人与自然关系更加和谐。

（五）推动乡村人才队伍建设有机衔接

把人才培育作为脱贫攻坚与乡村振兴有机衔接的关键。稳定基层人才队伍，及时补充大学生村官、"三支一扶"等优秀人才，加强脱贫乡镇事业单位专业人才招聘，持续向脱贫地区定向培养免费师范生、全科教师和定向医学生，鼓励外出农民工、大学毕业生和退休人员返乡参与乡村振兴。加强农村基层干部培训，每年集中轮训村"两委"负责人，提高基层干部统筹抓好脱贫攻坚与乡村振兴的能力和素质。培养选拔优秀脱贫攻坚干部，对优秀扶贫干部可优先选拔任用和晋升职级，定期向贫困地区的村"两委"负责人、乡镇事业编制人员招考乡镇公务员。培育新型职业农民，制定新型职业农民分级分类认定标准，开展职业农民职称评定试点。探索建立农业职业经理人制度，大力培养农业职业经理人。①

（执笔人：邹一南副教授）

---

① 刘焕、秦鹏：《脱贫攻坚与乡村振兴的有机衔接：逻辑、现状和对策》，《中国行政管理》2020 年第 1 期。

金融是国家重要的核心竞争力，金融与经济是共生共荣的关系。推动中国经济高质量发展，离不开健康有序的金融体系。当前，我国金融体系仍存在大而不强、定位不当、服务实体经济能力不足等问题。

要深化金融供给侧结构性改革，进一步调整优化金融体系结构，为实体经济发展提供更高质量、更有效率的金融服务，并守住不发生系统性金融风险底线，推动我国金融业实现高质量、可持续的发展。

第四章

以金融供给侧结构性改革
防控金融风险

　　2020 年，新冠肺炎疫情"黑天鹅"突然来袭，对全球经济金融体系带来较大冲击，我国同样难以"独善其身"，一季度国内生产总值同比下降 6.8％。"黑天鹅"事件是无法预知的事件，任何人都不要妄想会预测到下一个"黑天鹅"事件。"黑天鹅"事件很难预测，但脆弱性是可以衡量和判断的，没有"灰犀牛"的"配合"，"黑天鹅"扇不起大的风浪。全球之所以承受经济金融体系崩溃的压力，疫情仅仅是导火索，根源是长期以来积累的经济金融脆弱性。新冠肺炎疫情入侵了很多国家，但金融体系稳健、金融脆弱性程度较低的国家爆发金融危机的概率要小得多。我国要应对"黑天鹅"事件的冲击，关键就是以金融供给侧结构性改革降低金融脆弱性，消除金融风险隐患点。只有如此，才能保障金融体系在经济出现下滑时依然稳健。同时，按照《政府工作报告》的要求，强化对稳企业的金融支持，实现保市场主体的目标。

新中国成立以来，我国金融业发展取得了历史性成就。特别是党的十八大以来，我国有序推进金融改革发展、治理金融风险，金融业保持快速发展，金融改革开放有序推进，金融产品日益丰富，金融服务普惠性增强，金融监管得到加强和改进。2019年2月22日，习近平总书记在主持中央政治局集体学习时指出："金融要为实体经济服务，满足经济社会发展和人民群众需要。金融活，经济活；金融稳，经济稳。经济兴，金融兴；经济强，金融强。经济是肌体，金融是血脉，两者共生共荣。"① 由此可见金融的重要性。当前，我国金融业的市场结构、经营理念、创新能力、服务水平还不适应经济高质量发展的要求，诸多矛盾和问题仍然突出。对此，习近平总书记强调"要深化金融供给侧结构性改革，平衡好稳增长和防风险的关系"，而且要求贯彻落实新发展理念，强化金融服务功能，找准金融服务重点，以服务实体经济、服务人民生活为本。要以金融体系结构调整优化为重点，优化融资结构和金融机构体系、市场体系、产品体系，为实体经济发展提供更高质量、更有效率的金融服务。金融供给侧结构性改革是当前深化金融制度与金融体系改革的主要内容，是整个供给侧结构性改革的突破口和着力点，是提高金融资源配置效率和增强金融服务实体经济能力的关键一招。要理解金融供给侧结构性改革，就必须分析国内国外大背景。我们面临的是百年未有之大变局，美国通过发动贸易摩擦、科技打压和长臂管辖等手段阻碍我国发展，我国经济自身也处于进入新常态、从高速增长转向高质量发展、从要素驱动转向效率和创新驱动、跨越中等收入陷阱的大背景当

---

① 《习近平在中共中央政治局第十三次集体学习时强调深化金融供给侧结构性改革增强金融服务实体经济能力》，《人民日报》2019年2月24日。

中，这就需要完善资源配置的制度，找准金融服务的重点领域，发挥好市场在金融资源配置中的决定性作用，建立起面向民营中小微企业的融资体系，增强金融服务实体经济的能力。

一、 当前我国的金融风险隐患

金融本质理论指出，金融发展的目的是为实体经济服务。好的金融制度应当体现现代金融的基本功能，体现服务实体经济的基本原则，体现市场配置金融资源的决定性作用，体现包容性金融发展战略。20世纪60年代，以戈德史密斯为代表的一批经济学家肯定金融发展对于一国的经济增长有不可或缺的作用。之后，众多的实证分析表明：金融发展与经济增长存在显著的正相关。深化金融供给侧结构性改革，根本原因在于我国金融的供给体系还存在不少短板，无法满足经济体系高质量发展的要求，无法满足建设现代化经济体系的要求。在服务实体经济方面，存在着政府与市场"两只手"定位不当，以及市场结构、银行结构和产品结构不均衡等问题。在防范金融风险方面，我国金融体系存在着被房地产、地方政府债务、高杠杆、影子银行、美元体系绑架以及监管制度不完善等问题，只能通过深化金融供给侧结构性改革加以解决。

（一）中国金融体系大而不强

金融市场上的外部性、脆弱性比其他行业更加明显，所以几乎所有国家都对银行业实行了比其他任何行业更加严格的监管。银行等金融中介的存在，一方面有效地解决了信用过程中授信主体之间信息严重不对称问题，另一方面又形成了存款人与银行及银行与贷款人之间的信息不对称，从而导致金融市场中的逆向选择与道德风险问题，造成金融市场失灵。自明斯基（Minsky，1982）首次提出"金融不稳定假说"后[①]，金融脆弱性问题引起了广泛关注和争论。改革开放以来，我国的金融体系日趋完善，对我国经济保持四十多年高速增长起到了重要推动作用。但这个金融体系是大而不强的，因为其防范风险的能力较弱。

大而不强表现之一：被房地产绑架。每一次金融危机的爆发都与房地产泡沫有着必然的关联，从中能够总结出房地产引发金融风险传导机制的模型：在银行信用扩张的推动下，房地产价格出现上涨，在房价上涨形成强烈预期之后，房地产市场必然出现投机盛行的现象，进而就会出现巨大泡沫。在泡沫日益变大的趋势之下，政府不可能无动于衷，任由泡沫自由发展，导致风险不断加大，金融机构同样会日趋谨慎，导致银行信贷收缩。在此二者的共同作用之下，房价上涨的预期就会发生扭转，导致房价下跌，进而就是房地产贷款违约率的上升和个人按揭贷款违约率的上升，最终导致金融危机的爆发。这个规律是从历次金融危机中总结出来的，任何国家都难以逃脱。2018年底，我国的房地产贷款余额为38.7万亿元，占整个信贷的比重接近30%。这仅仅是房地产直接贷款的规模，如果加上跟房地产行业相关的间接贷款，该比重就会更高。一旦房地产行业出现问题，金融机构

---

① Minsky, Hyman P., *The Financial Instability Hypothesis:Capitalist Processes and the Behavior of the Economy*, Cambridge University Press, 1982, pp.13-38.

的不良贷款率必然会急剧上升，引爆金融危机。因此，从这个角度来看，可以说我国的金融体系被房地产所"绑架"。

大而不强表现之二：被地方政府债务绑架。虽然我国地方政府显性债务总体可控，但隐性债务规模较大，包括违法违规举债担保、名股实债以及政府购买服务变相融资等形式。众多研究机构分别从资产端和负债端对我国的地方政府隐性债务进行了测算，测算的结果大多在30万亿—40万亿元之间。如此规模的地方政府隐性债务期限较短，未来三年是集中的还债期，存在着较大的违约风险。从地方政府债务的构成来看，银行贷款占了近50%，剩下的通过银行表外业务等通道成为隐性债务，但同样与银行高度相关，一旦出现违约，必将影响银行的信用。对于如何化解地方政府隐性债务，从短期来看，借新还旧和展期是应对陆续到期的地方政府隐性债务的主要方式；但从长期来看，迄今尚未找到有效可行的办法，可以说，处置地方政府隐性债务已经成为防范金融风险中一块难啃的"硬骨头"。

大而不强表现之三：被高杠杆绑架。纵观历次金融危机，都有一个共性因素就是信贷膨胀导致的全社会杠杆率显著增加。明斯基危机模型认为信贷行为的顺周期性是金融体系脆弱的主因[1]，而且过度和不当运用金融杠杆会产生庞氏融资效应。国际上衡量信贷膨胀有一个"5—30"规则：如果信贷余额占GDP的比重在5年的时间内增长超过30个百分点，就说明这个国家已经出现了信贷膨胀。我国信贷余额占GDP的比重从2011年的111.99%上升到2016年的143.26%，5年的时间上升了31.27个百分点。按照"5—30"规则来看，确实出现了信贷

---

[1] 明斯基危机模型主要是经济长时期稳定可能导致债务增加、杠杆比率上升，进而从内部滋生爆发金融危机的风险。

膨胀。分部门来看，非金融企业部门的杠杆率虽然总体得到控制，但仍然比较高，2018年为157%，远远高于其他主要国家非金融企业的杠杆率。这个问题同时出现在国有企业和民营企业，很多企业的扩张就是靠高负债实现的，风险非常大。金融部门的杠杆率受到巴塞尔协议的严格控制总体可控，但部分金融机构不良贷款率过高的问题大大增加了其流动性风险和信用风险。居民部门杠杆率过去十年快速上升，居民债务与存款的比重从2008年的25.7%上升到2018年的75.7%。过度使用金融杠杆必然增加金融机构脆弱性，带来巨大风险隐患。

大而不强表现之四：被影子银行绑架。影子银行包括通道业务和同业业务，通道业务拉长了风险链条，使监管者站在资金的初始端看不到资金的末端，风险传导隐蔽化，同业业务通过表内资金表外化规避金融监管，导致金融空转现象严重，同样大大增加了监管的难度。基于此原因，银保监会于2018年4月发布了《关于规范金融机构资产管理业务的指导意见》，目的就是更好地防范影子银行风险。《意见》出台之后，具有较高风险的影子银行产品和业务受到严格管制，余额大幅缩小。但由于"正规金融"缺位现象严重，融资环境突然趋紧导致债券违约率大幅上升，经济下行压力进一步加大，监管部门不得已又放松监管力度和节奏。由此可见，在我国当前融资模式不够健全、中小微民营企业融资渠道受阻的背景下，对影子银行的监管存在"骑虎难下"的现象。

大而不强表现之五：被美元体系绑架。美国前国务卿基辛格曾指出："如果你控制了石油，你就控制了所有国家；如果你控制了粮食，你就控制了所有的人；如果你控制了货币，你就控制住了整个世界。"在当前美元主导的国际金融体系下，我国的金融安全是无法保障的。既要保持足够的外汇储备以满足外汇需求，又要安排好外汇储备的投资以达到保值增值的目的；既要在美联储实施宽松货币政策下承担人民币升值的压力，又要在美联储加息的背景下承担人民币贬值的压力；既要担心被列为汇率操纵国后的不良影响，又要预防随时可能到来的"金融制裁"。尤其是在当前中美贸易摩擦变数依旧较大的背景下，我国需要挖掘贸易摩擦背后的金融摩擦给我国带来的影响，包括人民币汇率波动的风险、中国资本流出的风险以及金融制裁的风险等①。现在已经有一家中国的银行被美国列入制裁清单，这意味着该银行无法在美国开立代理账户。但这一制裁远不是终点，我国需要为更严重情况的发生做好准备。

大而不强表现之六：金融监管制度不完善。我国的金融监管还存在着许多不尽如人意的地方。监管部门的主要职责就是监管，与被监管机构的关系就是"猫与老鼠"的关系，绝对不能成为被监管机构的代言人，更不能成为其"保护伞"。包商银行被接管事件带来的影响是深远的，在一定程度上反映了监管制度的漏洞。包商银行不是"小"银行，根据中国银行业协会的排名，2018年中国银行100强中，包商银行排名第37位。如此有影响的一家银行，却隐藏着巨大的信用危机。究其原因，一是违反了单个股东持股比例的限制。"明天系"通过其旗下关联公司共持有包商银行89%的股份。这直接导致包商银行大量资金被大股东违规占用，长期无法归还，形成逾期贷款，导致包商银行的信用危机。二是过度依赖同业存款。存款占总负债的比例从2014年的60%下降到2017年的40%，其同业拆借利率高于

---

① 高惺惟：《中美贸易摩擦下人民币国际化战略研究》，《经济学家》2019年第5期。

市场一般水平。三是贷款集中度①过高。2016 年底，包商银行最大 10 家贷款占资本净额的比重为 28%，贷款集中度风险②显著增加。以上三条原因，均与监管制度不完善有关系。

（二）中国金融体系存在"政府与市场"定位不当的问题

党的十九大明确提出要使市场在资源配置中起决定性作用，更好发挥政府作用。市场发挥决定性作用的前提就是政府不越位、不缺位、不错位。纵观我国当前的金融体系，还存在诸多政府与市场"两只手"定位不当的领域。

"两只手"定位不当表现之一：利率无法在金融资源的配置中起到决定性作用。我国长期存在着金融抑制的现象，表现为政府对金融资源要素的价格管控过多，人为压低利率，使有限的金融资源流向国有企业，而有融资需求的非国有企业无法获得价格合理的金融资源支持。利率是一种价格，只有由市场供求决定的价格才能高效地配置金融资源。麦金农和肖在其金融抑制与金融深化理论中表明，发展中国家之所以发展缓慢，一个重要的原因就是这些国家存在着广泛的金融抑制现象，表现为对利率、汇率以及金融机构准入等领域管制过多③④。2015 年 10 月，中国人民银行宣布不再对存款利率上限实施

---

① 贷款集中度是指贷款占该家银行资本净额的比重。
② 贷款集中度风险，是银行对单一客户的贷款余额与银行净资本的比例过高而导致银行遭受贷款损失的风险。
③ [美] R.I. 麦金农：《经济发展中的货币与资本》，卢骢译，上海人民出版社 1997 年版。
④ [法] 爱德华·肖：《经济发展中的金融深化》，邵伏军等译，上海格致出版社 2015 年版。

管制，意味着利率市场化改革初步完成，但这仅仅是象征意义的，实际运行过程中利率距离市场化定价还很远。

"两只手"定位不当表现之二：政策性金融与商业性金融界限不清。普惠金融不是所有金融机构必须履行的义务，商业银行应以实现股东利益最大化为目标，在追求经济效益最大化的过程中实现社会效益。给中小微企业和农户提供的普惠性贷款成本高、风险大、收益低，这是不争的事实，因此需要从深层次挖掘中小微企业融资难、融资贵的原因。如果政府过多地采用行政命令或行政激励的手段要求金融机构为中小微企业和农户提供普惠性贷款，带来的必然是"虚假普惠"。当然，金融的确要更好地为农户、中小微企业等弱势群体服务，"嫌贫爱富"不是金融的全部。这就需要更好地发挥政策性金融机构的作用，在政策上鼓励商业性金融机构去做普惠金融的同时，让政策性金融机构去兜普惠金融的"底"，财政去兜政策性金融的"底"。在这方面，德国和日本的经验值得我国借鉴①。而我国当前还严重缺少专注于做普惠金融的政策性金融机构，政府这只手严重缺位。

"两只手"定位不当表现之三：股票市场 IPO 核准制剥夺了部分拟上市公司的融资权和投资者的选择权。第一，在核准制下，企业能否上市的决定权在审批部门手中，金融资源配置不是由市场决定的，而是由政府决定的，审批部门的决策决定着企业能否继续生存下去，这也直接导致审批部门的官员成为拟上市企业"围猎"的对象。第二，核准制下的审核时间过长，很多排队的 IPO 企业完成审核的周期长

---

① 德国复兴信贷银行、日本政策金融公库股份有限公司等政策性金融机构在推动普惠金融过程中发挥了重要作用。

达 3 年，这就导致很多企业在其需要资金支持的时候却无法获得股权
融资。第三，核准制限制了投资者的选择权。审批部门官员的知识和
经验是有限的，他们的判断有可能失准，很难准确地判断出一个企业
是否是"绩优股""潜力股"，尤其是对于自己不熟悉的行业、企业，
以及在沟通过程中主观上不太认同的企业，就容易判断失真，将一个
有发展前途的企业拒之门外。这损失的不仅仅是上市公司的利益，还
包括投资者的利益。

（三）融资结构不均衡制约金融服务实体经济能力

金融供给是否适应金融需求，需要从金融供给总量和供给结构
两个角度进行考量。2018 年末，我国银行业金融机构总资产规模达
到 268 万亿元，总量不可谓不大，但却存在着严重的结构性失衡的问
题。一是市场结构失衡：直接融资和间接融资不平衡。我国的金融市
场结构以间接融资为主，直接融资占比很小。从 2018 年社会融资组
成情况来看，新增人民币贷款占 81.4%，债券融资占 12.9%，股权融
资仅占 1.9%。这样一种市场结构既会导致非金融企业杠杆率居高不
下，又不利于分散风险。二是银行结构失衡：中小银行数量少，业务
比重偏低。从金融需求侧来看，民营企业已经达到"五六七八九"①；
但从金融供给侧来看，我国仍然是国有银行主导的金融体系，这就造
成了供给侧和需求侧的"门不当户不对"。金融服务"重大轻小"，集

---

① 民营企业占全国 50% 的税收，60% 的 GDP，70% 的创新，80% 的就业，90% 的企业
数量。

中于政府项目、国有企业和大型企业。① 国有银行、大银行主导的金融体系不适合为中小民营企业提供金融服务，这就是导致融资难、融资贵痼疾的根本原因，并且阻碍了民营企业的发展壮大，增加了民营企业由于流动性不足导致破产的风险。三是产品结构失衡：适合中小企业的金融产品较少，尤其是从社会融资和信贷数据结构来看，短期贷款和票据融资占比远远高于中长期贷款。金融机构应根据企业生命周期确定金融产品，而不是反过来让企业适应银行的贷款期限。相比国外银行的流动资金贷款期限可以长达 7 年，我国的流动资金贷款大多是 1 年，尽管可以延期、展期，但无形中增加了成本。

二、推动金融供给侧结构性改革正当其时

供给侧结构性改革，最终目的是满足需求，主攻方向是提高供给质量，根本途径是深化改革。实体经济的发展方向决定了金融改革的方向，当前随着经济领域改革转向"供给侧结构性改革"，必然要求金融创造与之相匹配的条件。金融的本质就是要通过融资方式，实现资金融通，服务实体经济。金融供给侧结构性改革当然要与金融本质高度契合，通过改善金融结构，减少无效、低效金融供给，增加有效、高效金融供给，提升金融资源配置效率和金融服务实体经济能力，防控系统性金融风险，以实现金融可持续发展的目标。因此，金融供给侧结构性改革是"动力系统"，其目标就是要让

---

① 周小全：《深化金融供给侧改革路径》，《中国金融》2019 年第 5 期。

金融更好地服务于实体经济，让金融的活水能够恰好浇灌到实体经济之树，底线是守住不发生系统性金融风险，根本途径就是建立有效的资源配置机制，这个机制需要政府与市场"两只手"共同发挥作用。

首先，金融供给侧结构性改革的目标就是更好地服务实体经济。服务实体经济，需要深化金融供给侧结构性改革，解决金融供给中存在的结构性问题，疏通金融服务实体经济的体制机制，解决中小企业融资难、融资贵的问题，推进普惠金融。服务实体经济，既要提高金融资源配置的效率，又要把更多金融资源配置到经济社会发展的重点领域和薄弱环节中去，满足实体经济高质量发展的多样化需求。

其次，金融供给侧结构性改革是守住不发生系统性金融风险的"釜底抽薪"之策。金融供给侧结构性改革的任务之一是防范化解重大金融风险，但并不意味着就此"因噎废食"。防范化解金融风险，坚决不能躲进小楼成一统，而是要扬帆大海经风浪，坚定不移推进金融供给侧结构性改革，在深化改革和高水平开放中提高防控风险的能力，改革必然海阔天空，守旧未必风平浪静。防范化解金融风险的一个重要方面就是化解经济高杠杆风险。2018 年我国宏观杠杆率下降了 1.5 个百分点，稳杠杆的目标已经初步实现，但结构性去杠杆的任务依旧艰巨，尤其是企业部门和政府部门的高杠杆。结构性去杠杆与稳增长和防风险之间有统一的一面，并不是对立的。推进金融供给侧结构性改革才能够真正降低企业杠杆率，降低企业杠杆率才能够防范化解金融风险。第一，通过金融供给侧结构性改革，让"僵尸企业"释放出更多的金融资源，这些宝贵的资源会在市场无形之手的作用下流向高效率行业和企业，这既有利于推动经济增长，又能够化解金融机构不良贷款率攀升的风险。第二，通过市场化、法治化的债转股降低企业的杠杆率，让企业轻装上阵，既能够完善企业治理结构，激发管理层经营活力，促进企业加强管理；又能够防范企业面临的高负债风险，降低企业资产负债率和财务成本；还能够改变企业"小马拉大车"的现状，帮助企业补齐资本短板。第三，我国经济"釜底抽薪"的稳杠杆药方就是建立一个规范、透明、开放、有活力、有韧性的多层次资本市场，这个市场应该是既为大型企业、又为中小型企业服务的市场，应该是满足各种类型的投资者和融资者共同需求的市场。

最后，深化金融供给侧结构性改革的关键就是理清政府与市场的关系，让市场在资源配置中起决定性作用，更好发挥政府作用。只要是市场能配置的金融资源，权力就交给市场；只要是企业能够做的事情，就交给企业去做。政府应该去配置市场无法配置但又关系国计民生的重要资源，去做企业做不了、不愿做、做不好的事情。同时要发挥好政府守夜人、监督员、服务员、投资人的职能，担负起培育市场的重任，保证市场在公平、公正、稳定的法治化环境中运行，为市场提供好基础设施和公共服务。具体来看，一是将利率、汇率等定价权交还市场。中央银行通过市场化手段对利率、汇率进行调节，但不能行政干预。二是严格区分政策性金融和商业性金融的边界，商业性金融机构应该按照现代企业制度运行，以实现股东权益最大化为目标，在追求经济效益的过程中实现社会效益，政府不应过多干预商业性金融机构的具体经营。在商业性金融不愿涉足的领域，政策性金融应及时补上。三是大力推动以注册制为重点的资本市场改革，只有注册制才能真正实现金融资源的市场化配置，才能让资本市场成为投资者与上市公司自由选择的平台。四是加强金融监管。以保护金融消费者为目的的金融监管是政府义不容辞的责任，坚决不能"缺位"。

三、金融供给侧结构性改革如何深化

深化金融供给侧结构性改革，就是要紧紧围绕服务实体经济这一根本目标，守住不发生系统性金融风险这一基本底线，用好政府与市场"两只手"。以"五度"改革推进金融供给侧结构性改革，有助于搭建金融服务实体经济的"四梁八柱"，有助于通过优化金融结构来完善金融市场、金融机构和金融产品体系，有助于明确市场导向与加强监管的职责。

（一）"宽度"改革：做大做强资本市场

从金融契约的角度来看，股票的经济性质与银行存款不同，它体现的是一种对公司收益的剩余索取权。由于信息不对称导致的严重的委托代理问题，个体股东难以弄清企业真正的收益是多少。同时，公司的经理人决定公司是否分发红利，因此，即使公司事实上取得了盈余，经理人也可以拒绝分红。很显然，如果没有适当的经济、法律环境，股东的权益难以得到保障。在这样的社会当中，股票市场就很难发展起来。长期以来，我国过度依赖于以银行为主的间接融资体系，这必然导致企业的杠杆率居高不下，金融风险不断增加。解决这一问题的根本举措在于发展和做大做强资本市场，提高直接融资比重。在我国经济由高速增长迈向高质量发展的关键阶段，资本市场的市场化资源配置功能将在调整产业结构及构建创新型经济体系中起到核心作用。尽管我国资本市场取得了巨大的进步，但效率低下与机制不健全的问题依然存在。

完善我国的资本市场，一方面要使市场这只"看不见的手"起到资源配置的决定性作用。第一，加快推进注册制改革。发展资本市场的目的就是提高资源配置的效率，任何一个符合条件的企业有权到资本市场上获得股权融资，每一位投资者可以自由选择自己看好的企业进行投资，这就需要通过注册制改革完善市场体系和资源配置手段，不能歧视性地选择上市对象，应把选择权交还市场。第二，通过退市制度实现金融资源合理配置。一个可以优化资源配置的资本市场一定是一个吐故纳新、不断更新的市场，资本市场就是要通过引导资源向高效率的产业和企业流动来实现产业升级的目标，这就需要将这个市场打造成一个"有进有出、进出有度"的市场，因此退市机制必不可少。

另一方面要管住政府这只"看得见的手"，真正发挥好"守夜人"的作用。第一，股票价格的高低与监管部门的业绩没有任何关系，监管部门作为"守夜人"，需要维护市场的公平与透明，需要打击操纵市场、内幕交易、虚假信息披露等违法行为，需要建立严格的退市制度，但不需要干预市场的价格，人为地制造牛市。第二，资本市场要更加注重保护投资者，让投资者通过长期投资获得收益，而不是通过短期炒作进行套利。要想实现这一目标，必须严格执行上市公司强制分红的制度。上市公司需向投资者派发红利的规定虽然很早就有，但监管的力度不够，严格执行的很少，这就导致投资者通过炒作赚取溢价来实现收益。这不利于将一个"投机"市场转变为"投资"市场。第三，加大处罚力度。我国有句古语叫"治乱需用重典"，对于资本市场中出现的形形色色的违法行为，要加大处罚力度，否则这个市场是无法规范的。

（二）"深度"改革：真正完成利率市场化改革

古典利率决定理论的奠基人马歇尔认为利率由资金的需求和供给所决定，其中资金的需求源于资本的边际生产力，而资金的供给源于人们愿意放弃当前资金而等待未来更高收益。麦金农和肖（Mckinnon和Shaw，1973）在详尽分析了发展中国家的金融发展状况之后，首次真正建立了以发展中国家或地区为研究对象的金融发展理论。他们提出，改革金融体系、消除金融抑制是发展中国家想摆脱贫困陷阱的重要路径，认为发展中国家想摆脱贫困，必须实行利率市场化，这样才能真正发挥利率在资源分配中的调节作用。"金融抑制"和"金融深化"理论影响了许多发展中国家的金融改革，在经济和金融理论领域引起强烈反响。利率市场化改革的目的是完善金融资源的配置机制。尽管我国的利率市场化改革已经初步完成，中央银行对商业银行的存贷款利率不再进行管制，但市场化的利率形成机制依旧不健全，作为借贷资金价格的利率尚不能在金融资源的配置中发挥关键性作用。当前我国的融资环境面临着较为突出的结构性矛盾，一方面是广义货币供应量（M2）的快速上涨，流动性总体充裕；另一方面是大量的中小民营企业融资渠道不畅，无法获得金融资源的支持。解决这一问题的根本渠道就是疏通货币政策传导机制，使市场在金融资源的配置中起决定性作用，尽量减少计划和行政手段的运用，让商业银行根据市场供求的定价机制决定资金的价格，实现金融资源的优化配置。目前来看，疏通货币政策传导机制的主要目标就是通过深化利率市场化改革建立价格型货币政策传导机制，以中央银行间接调控的贷款市场报价利率为货币政策操作目标，以市场供求决定的金融机构存贷款利率为货币政策中间目标，以保持货币币值的稳定并以此促进经济增长为货币政策最终目标。这样一个货币政策传导机制，会引导资金更多地流向效率高的行业和企业，更多地流向中小民营企业。

（三）"温度"改革：实施普惠金融战略

金融应摆脱"嫌贫爱富"的惯性，更多地为享受不到金融资源和金融服务的弱势群体提供服务。国家高度重视普惠金融战略，应通过合理高效的渠道积极发展普惠金融。推进金融供给侧结构性改革的一项重要内容就是要构建多层次、广覆盖、有差异的银行体系。在这个体系当中，商业银行、政策性银行、城商行、农村金融机构、民营银行以及村镇银行各有定位、各司其职、相得益彰。

一是五大国有商业银行应明确其定位，以建立现代企业制度为导向，紧盯"做强、做优、做大"的核心目标。在国有企业的分类中，五大国有商业银行属于商业一类，应以经济效益最大化和股东权益最大化为目标。"产权清晰、权责明确、政企分开、管理科学"是现代企业制度的基本要求，国家是国有商业银行的最大股东。只要五大国有商业银行能够不断增强企业竞争力、提高企业经济效益、实现国有资产保值增值，国家这个最大股东就是最大的受益者，这也为普惠金融战略的实施奠定了最坚实的基础。二是政策性银行应明确职能定位，理清业务边界。政策性银行以国家利益和国家战略需要等为业务价值，主要作用是弥补部分领域的市场失灵，做商业银行不愿做、做不到和做不好的事情，而不应混淆政策性业务和商业性业务。普惠金融不是所有金融机构应尽的义务，在鼓励广大中小银行积极参与普惠金融的同时，应组建成立新的政策性银行专门聚焦于普惠金融业务，为普惠金融"兜底"。同时，基于风险防控的角度，必须理清两类业务之间的界限和分工，建立有效的"防火墙"，这也是加强金融监管与防控金融风险的必要条件。三是农村商业银行依靠在本地长期积累的信用，加上其较为灵活的利率政策，可以更好地为中小微企业服务。农村商业银行要做到机构不出县、业务不跨县。农村商业银行应找准符合自身的差异化定位，确立经营重点，满足"三农"和中小企业差异化、个性化、定制化的业务需要，将业务"做小做散"，降低贷款集中度和户均贷款规模。四是进一步扩大民营银行试点。增加民营银行数量是增加金融供给的有效手段，能够填补大型银行无暇顾及的市场，是破解中小民营企业融资难、融资慢的有效手段。在防范民营银行的风险方面，可以通过限制最大股东持股比例等举措防范关联交易问题。五是利用好金融科技在推动普惠金融中的积极作用。金融科技兴起为普惠金融的发展提供了新的思路，越是在传统的金融基础设施不完备的地区，互联网金融发挥作用的空间就越大。

（四）"亮度"改革：加强金融监管

金融的一个根本特点就是存在较大的外部性，这就要求金融监管必须从严。这一尺度，不应随着经济形势的变化而变成橡皮筋，而应"一把尺子量到底"，坚持一个标准。中小银行的危机主要源于被大股东掏空。"明天系""安邦系"等问题就是源于大股东借助抽逃资本、循环注资、虚假注资以及通过不正当的关联交易形成利益输送的链条，将其投资的金融机构视为自己的"提款机"。由于大股东在公司治理中掌握着绝对的话语权，使金融机构内控机制形同虚设，严重打击了金融信用，最终引爆金融风险。此时的金融已不是现代经济的血液，而是沦为实体经济的"抽血机"，成为制造、传递金融风险的"黑手"。成熟的金融市场和有效的监管制度绝不允许出现如此咄咄怪事。对此，必须拿出更大的决心和魄力。此次央行与监管部门直面"明天系""安邦系"等"历史遗留问题"，发现违法违规行为及时断然出手，十分必要。它应成为强化监管重塑中国金融生态的新起点。

金融科技借助电子信息技术与传统金融的融合，创新了金融业态，增加了金融服务的便利性，在众多领域提高了金融服务实体经济的质量。与此同时，金融科技的迅速发展增强了金融风险的隐蔽性，增加了许多新的金融风险点，对金融监管的能力提出了更高的要求。甚至个别机构打着"金融创新"的旗号，实际上干的却是非法集资、非法融资、非法吸收存款的事情。面对这些新变化，金融监管部门需要创新金融监管手段，平衡好金融创新和金融安全的关系，做到既鼓励有助于提高金融服务效率的金融创新，又能将金融风险控制在安全范围之内。英国金融行为监管局的"监管沙盒"制度值得借鉴。"监管沙盒"就是为金融创新提供一个试验区间和安全空间，测试机构可以在"沙盒"内创新其产品、服务、商业模式和营销模式，经过认证的金融消费者可以在"沙盒"内充分享受这些产品和服务带来的收益，同时承担风险，监管部门"静观其变"，对这个交易过程可能带来的风险进行评估。如果风险可控，则进一步放开；如果风险隐蔽且传染性过大，则抑制其发展。总之，"监管沙盒"旨在创建"缩小版"的真实市场和"宽松版"的监管环境，要充分利用"先试点、再总结、后推广"的模式，为金融科技的发展找到一条有边界的道路。

（五）"广度"改革：推动人民币国际化

真正决定主权货币价值和国际化水平的是综合国力，中国经济稳定、高质量的增长是推动人民币国际化的重要因素。第一，中国经济高质量发展决定人民币国际化的未来。只要中国经济能够保持高质量的强劲增长势头，人民币国际化就会有一个较好的发展。这个过程中需要培育高质量发展、高水平开放的微观经济主体，重点是提高企业和产品的竞争力，增强货币选择和使用的话语权。第二，坚定不移地推动金融领域改革开放再出发。坚持人民币利率、汇率由市场决定，在遵循富有效率、稳健有序的原则下，循序渐进推进资本账户和金融市场的开放，让离岸人民币有更好的投资场所。第三，完善人民币国际化的基础设施建设。CIPS（人民币跨境支付系统）运行已有三年，目前有30多家直接参与的银行，800多家间接参与的银行，覆盖机构数量与SWIFT（环球同业银行金融电讯协会）持平，但交易量和金额远低于后者，原因在于CIPS服务的便利性和可获得性不高。未来，CIPS一方面需要熟悉业务，另一方面需要培育市场习惯和行为，努力实现哪里有人民币，哪里就有CIPS的服务，发挥CIPS在人民币国际化中的基础设施作用。第四，未雨绸缪提出我国自己的数字货币方案。加密货币Libra的出现对现有国际货币体系产生了冲击，它企图钉住一篮子货币的想法，使其有可能替代SDR（特别提款权），进而成为一种新的全球性货币。当然，Libra也有可能被一种更好的、更有效的、更安全的数字货币取代。无论如何，Libra的发展方向代表数字货币的趋势，我国应在这一领域的政策研究和储备上更有作为。

（执笔人：高惺惟副教授）

加强生态环境保护、坚决打好污染防治攻坚战是党和国家的重大决策部署。在环境保护与污染防治实践中凝练形成的习近平生态文明思想，为打好污染防治攻坚战提供了思想指导。

　　我国生态环境保护正处在压力叠加、负重前行的关键期，要推动蓝天保卫战、碧水保卫战、净土保卫战取得关键进展，加快补齐生态环境短板，不断增强人民群众的生态环境获得感、幸福感和安全感。

第五章

打好打赢污染防治攻坚战

生态环境是关系党的使命宗旨的重大政治问题，也是关系民生的重大社会问题，要把经济社会发展同生态文明建设统筹起来，推动生态环境领域国家治理体系和治理能力现代化，统筹推进新冠肺炎防治与污染防治攻坚战，坚持方向不变、力度不减，突出精准治污、科学治污、依法治污，推动生态环境质量持续好转。要重点打好蓝天、碧水、净土保卫战，完善相关治理机制，抓好源头防控。

一、保持打好污染防治攻坚战的战略定力

（一）推动污染防治攻坚战取得关键进展

党的十九大报告提出，要坚决打好防范化解重大风险、精准脱

贫、污染防治的攻坚战。经过多年努力，我国在推动污染防治攻坚战方面取得关键进展，生态环境质量总体改善。

推动污染防治工作既符合世界潮流，也符合我国日益加剧的资源环境约束状况。要深刻认识到环境污染是民生之患、民心之痛，必须保持打好污染防治攻坚战的战略定力，不打胜仗决不收兵。

重点推进"蓝天保卫战"。2013 年，国务院发布实施《大气污染防治行动计划》（以下简称"大气十条"），消除人民群众"心肺之患"的蓝天保卫战全面打响。通过各方努力，"大气十条"取得明显成效，环境空气质量明显改善、落实政府治污责任、各项配套政策日益完善、环境监管能力不断增强、区域协作机制不断完善。

持续推进"碧水保卫战"。在习近平总书记的生态文明思想的指引下，水污染防治大格局初步构建，水环境质量持续改善。要以改善水生态环境质量为核心，统筹流域污染治理和生态保护。按照守住底线、夯实基础、完善机制、重点突破的原则，抓好一点（水环境质量为核心）、两线（减排、增容）、三策（污染治理、循环利用、生态保护）、四面（城市、工业、农业农村、水生态保护）。

扎实推进"净土保卫战"。当前，土壤污染防治法规标准体系和工作机制基本构建，全国土壤环境风险管控进一步强化，耕地周边工矿污染源得到有力整治，建设用地人居环境风险联合监管机制逐步形成，土壤污染加重趋势得到初步遏制，土壤生态环境质量保持总体稳定，净土保卫战取得积极成效。

（二）打好污染防治攻坚战面临诸多挑战

第一，对于国外形势而言，经济全球化遭遇波折，多边主义受到冲击，国际金融市场震荡，特别是中美经贸摩擦给一些企业生产经营、市场预期带来不利影响。对于国内形势而言，我国正处在经济转型阵痛凸显的时期，新冠肺炎疫情又带来新的挑战，不可避免会对经济社会造成较大冲击。

一些地方和部门坚持生态文明建设的战略定力不强，对保护与发展的辩证关系认识不高，推动绿色发展的能力不强、行动不实，重发展轻保护的现象依然存在。我国以重化工为主的产业结构、以煤为主的能源结构、以公路货运为主的运输结构尚未根本改变。在经济下行压力下，尤其是在疫情影响下，一些地方和部门因经济发展遇到一点困难，就开始铺摊子上项目、以牺牲环境换取经济增长。

第二，污染防治攻坚战的"经济账"还未算好。有大量国外媒体、专家质疑污染防治攻坚战是否大幅影响经济增长，我们的官员、专家只能回复污染防治攻坚战可以去除"黑色增长"、促进绿色发展，至今没有一份污染防治攻坚战整体综合的成本收益分析。另外，各项具体污染攻坚战的成本收益分析缺乏。

当前把蓝天保卫战作为重中之重，大量措施是针对大气污染开展的，但是我国的水、土壤污染治理也非常紧迫。而且我国一直忽视了对有毒有害化学品的监管与治理。《寂静的春天》一书描述的正是化学品污染对环境的巨大危害，"世界八大公害事件"中的日本水俣病也是例证。我国化学工业经济总量居于世界第一，大量在欧美国家已经被严格监管的有毒有害化学品却在我国生产、使用并排放，严重污染环境并损害人体健康。中央环保督察地方整改也缺乏成本收益分析。中央环保督察整改的项目要求大部分落在县级政府层面，很多项目是地市或省级部门之前批准的，但是整改的成本大都由县级政府承担，而且有的整改措施对居民生活有很大影响，比如煤改气造成的"气荒"。

第三，目前对于企业还是一刀切的行政性关停为主，没有发挥市场优胜劣汰的作用，甚至存在有的地方政府为实现污染防治的要求，与黑恶势力勾结，通过破坏企业设备，迫使符合环保标准的合法企业关停的恶劣现象。而且企业主动参与污染防治的较少，虽然出现了一批污染防治、生态修复的企业，但是拥有核心创新技术的企业少，能靠推动产业转型实现在绿色发展中赢利的企业更少。

另外，生态环境治理投入不足且渠道单一，绿色金融体系没有构建起来，绿色信贷应该是银行贷款的底线，却被作为一项荣誉。环境权益类交易市场机制欠缺，比如，碳交易市场从 2011 年开始试点到 2017 年底覆盖全国电力行业的大型企业。但中国电力行业的大型企业本身的减排能力位于世界前列，市场机制促进减排的激励效果不显著，而且市场机制仍然没有完善，还是相当于政府主导的一项收费项目。

第四，生态环境治理仍然存在短板和薄弱环节。自然生态空间过度挤压。生态环境超载现象较严重，水资源过度开采、草原过度放牧、污染过度排放、土壤过度流失、森林生态功能衰退等问题仍较突出，近岸局部海域污染依然严重。城市污水管网不配套，土壤和地下水污染防治、固体废物与化学品管理、农业农村污染防治、自然生态和海洋生态环境监管基础薄弱。城市人口和经济发展规模已经超过城市环境自净能力所能承载的极限，城市正在沦为热岛、雨岛、噪声岛和浑浊岛，人居生活环境恶化趋势仍在持续。

第五，新冠肺炎疫情给污染防治带来新的挑战。由于我国在医疗废物、危险废物收集处理设施方面存在短板，当前还要应对废弃口罩、废弃防护物品等医疗废弃物激增等现实情况，污染防治攻坚战面临新挑战。从数据上来看，3 月 6 日，生态环境部发布消息，自 1 月 20 日以来，全国累计处置医疗废物 12.3 万吨。[①] 而 2018 年度，我国 200 个大、中城市医疗废物年产生量为 81.7 万吨，处置量 81.6 万吨。工信部赛迪研究院预计 2020 年全年全国新增废弃口罩 16.2 万吨。

二、用习近平生态文明思想引领方向

党的十八大以来，以习近平同志为核心的党中央以高度的历史使命感和责任担当，直面生态环境的严峻形势，高度重视社会主义生态文明建设，坚持绿色发展，把生态文明建设融入经济建设、政治建设、文化建设、社会建设各方面和全过程，通过实践不断丰富完善凝练形成习近平生态文明思想，成为习近平新时代中国特色社会主义思想的重要组成部分，也为打好污染防治攻坚战提供了思想指导。

---

① 中国政府网：《生态环境部通报全国医疗废物、医疗废水处置和环境监测情况》，2020 年 3 月 7 日，见 http://www.gov.cn/xinwen/2020-03/07/content_5488262.htm。

（一）污染防治是攻坚战也是持久战

生态兴则文明兴，生态衰则文明衰。人因自然而生，人与自然是一种共生关系，对自然的伤害最终会伤及人类自身。生态文明是人类社会进步的重大成果，是实现人与自然和谐发展的新要求。因此，污染防治是攻坚战也是持久战，一定要算大账、算长远账、算整体账、算综合账，不能因小失大、顾此失彼、寅吃卯粮、急功近利。

（二）污染防治攻坚战事关民生福祉

污染防治攻坚战是解决好人民群众反映强烈的突出环境问题，既是改善环境民生的迫切需要，也是加强生态文明建设的当务之急。到2020年全面建成小康社会是我们党向人民作出的庄严承诺，不能一边宣布全面建成小康社会，一边生态环境质量仍然很差，这样人民不会认可，也经不起历史检验。[①] 人民对生态环境的需要已经成为对美好生活需要的重要组成，不仅对物质文化生活提出了更高要求，而且对生态环境的要求日益增长，对清洁的空气、安全的水源、干净的土壤越来越关注。习近平总书记对污染防治攻坚战的高度重视体现了以人民为中心的思想，要提供更多优质生态产品以满足人民日益增长的优美生态环境需要。

----

① 习近平：《推动我国生态文明建设迈上新台阶》，《求是》2019年第3期。

（三）要坚定打赢污染防治攻坚战的信心

我们有以习近平同志为核心的党中央的坚强领导，有习近平生态文明思想的科学指引，有党的领导和我国社会主义制度具有的集中力量办大事的显著优势，改革开放 40 多年来我国已经积累了坚实的物质、技术和人才基础，中央生态环保督察的深入推进给各地各部门必须做好生态环境保护带来了巨大震慑压力，生态环境保护产业的蓬勃发展、污染防治技术的日新月异也为我们提供了手段支撑。我们只要坚定决心和信心，保持战略定力，继续坚持正确的策略方法，就一定能够战胜各种风险挑战，打赢污染防治攻坚战。

（四）用最严格的制度推动污染防治攻坚战

保护生态环境必须依靠制度、依靠法治。要建立健全生态文明制度体系，推进生态环境治理体系和治理能力现代化。党的十九届四中全会将生态文明制度建设作为中国特色社会主义制度建设的重要内容和不可分割的有机组成部分。对于污染防治攻坚战，要强化水、大气、土壤等污染防治制度，完善污染防治公众参与制度，强化制度约束作用。

（五）绿色发展是打赢污染防治攻坚战的根本之策

加快形成绿色发展方式，是解决污染问题的根本之策。只有从源头上使污染物排放大幅降下来，生态环境质量才能明显好上去。重点是调结构、优布局、强产业、全链条。调整经济结构和能源结构，既提升经济发展水平，又降低污染排放负荷。对重大经济政策和产业布局开展规划环评，优化国土空间开发布局，调整区域流域产业布局。培育壮大节能环保产业、清洁生产产业、清洁能源产业，发展高效农业、先进制造业、现代服务业。推进资源全面节约和循环利用，实现生产系统和生活系统循环链接。

（六）市场化是打好污染防治攻坚战的重要手段

要充分运用市场化手段，推进生态环境保护市场化进程，撬动更多社会资本进入生态环境保护领域。要完善资源环境价格机制，将生态环境成本纳入经济运行成本。要采取多种方式支持政府和社会资本合作项目。生态环境保护该花的钱必须花，该投的钱决不能省。要坚持资金投入同污染防治攻坚任务相匹配。

（七）污染防治攻坚战要讲求方式方法

打好污染防治攻坚战，要坚持方向不变、力度不减，突出精准治污、科学治污、依法治污。要精准分析影响生态环境质量的突出问题和薄弱环节，分流域区域、分行业企业、分污染源对症下药，实施精细化管理。要遵循客观规律，以科学方法、科研数据、科技成果为依据，充分发挥生态环境科技成果转化平台的作用，切实提高环境治理措施的系统性、针对性和有效性。要坚持依法行政、依法推进，规范自由裁量权，严格禁止"一刀切"，避免处置措施简单粗暴。

（八）要打好污染防治攻坚战的重点战役

打好污染防治攻坚战，就要打几场标志性的重大战役，集中力量攻克老百姓身边的突出生态环境问题。当前，重污染天气、黑臭水体、垃圾围城、农村环境已成为民心之痛、民生之患，严重影响人民群众生产生活，老百姓意见大、怨言多，甚至成为诱发社会不稳定的重要因素，必须下大气力解决好这些问题。要集中优势兵力，动员各方力量，群策群力，群防群治，一个战役一个战役打，打一场污染防治攻坚的人民战争，比如，坚决治理"散乱污"企业，继续推进重点区域大气环境综合整治，加快城镇、开发区、工业园区污水处理设施建设，深入推进农村牧区人居环境整治。把这些战役作为打好污染防治攻坚战的突破口和"牛鼻子"，抓紧制订作战计划和方案，细化目标任务、重点举措和保障条件，做到按图施工、挂图作战，以重点突破带动整体推进。

三、细化举措打好污染防治攻坚战

（一）构建污染防治成效考核体系

党的十八大提出"要把资源消耗、环境损害、生态效益纳入经济社会发展评价体系，建立体现生态文明要求的目标体系、考核办法、奖惩机制"；党的十八届三中全会指出"完善发展成果考核评价体系，纠正单纯以经济增长速度评定政绩的偏向，加大资源消耗、环境损害、生态效益等指标的权重"。核心就是改变现有的"唯 GDP 至上"的经济社会发展评价体系，把单纯的强制性环境约束指标转变为有效衡量生态文明发展的考核标准，从根本上优化以 GDP 为核心的评价体系。"十三五"规划进一步提高生态文明相关指标在全部指标中的权重，把保障人民健康和改善环境质量作为更具约束性的硬指标。中共中央办公厅、国务院办公厅印发的《生态文明建设目标评价考核办法》是我国首次建立的国家层面的生态文明建设目标评价考核制度，可以用于对污染防治攻坚战进行成效考核。

污染防治是一项系统工程，涉及多部门多方面多领域，要注意解决现有考核评价指标重复或相互矛盾的问题，改变多头管理、各行其是的做法，统筹各地各部门的污染防治工作，形成污染治理的合力。

污染防治成效考核要实行党政同责，地方党委和政府领导成员一岗双责，按照客观公正、科学规范、突出重点、注重实效、奖惩并举的原则进行。污染防治评价考核在生态文明建设考核的基础上综合开展，采取评价和考核相结合的方式，实行年度评价、五年考核。评价重点评估各地区上一年度污染防治总体情况，引导各地区落实污染防治相关工作，每年开展 1 次。考核主要考查各地区污染防治目标任务完成情况，强化省级党委和政府污染防治的主体责任，督促各地区自觉推进污染防治工作，每个五年规划期结束后开展 1 次。

参与评价考核的有关部门和机构应当严格执行工作纪律，坚持原则、实事求是，确保评价考核工作客观公正、依规有序开展。各省、自治区、直辖市不得篡改、伪造或者指使篡改、伪造相关统计和监测数据，对于存在上述问题并被查实的地区，考核等级确定为不合格。对徇私舞弊、瞒报谎报、篡改数据、伪造资料等造成评价考核结果失真失实的，由纪检监察机关和组织（人事）部门按照有关规定严肃追究有关单位和人员责任；涉嫌犯罪的，依法移送司法机关处理。

通过构建全国统一的污染防治考核体系，落实污染防治的主体责任，改变单一的 GDP"指挥棒"，树立绿色发展为导向的政绩观，提升人民群众对生态环境的获得感。

（二）建立符合污染防治要求的环境市场机制

防治污染也可以产生经济效益，因此需要使用市场经济机制。党的十八大提出"深化资源性产品价格和税费改革，建立反映市场供求和资源稀缺程度、体现生态价值和代际补偿的资源有偿使用制度和生态补偿制度。积极开展节能量、碳排放权、排污权、水权交易试点。加强环境监管，健全生态环境保护责任追究制度和环境损害赔偿制度"。党的十八届三中全会进一步指出"加快自然资源及其产品价格改革，全面反映市场供求、资源稀缺程度、生态环境损害成本和修复效益。坚持使用资源付费和谁污染环境、谁破坏生态谁付费原则，逐步将资源税扩展到占用各种自然生态空间……推行节能量、碳排放权、排污权、水权交易制度"。党的十九大报告明确提出"建立健全绿色低碳循环发展的经济体系。构建市场导向的绿色技术创新体系，发展绿色金融，壮大节能环保产业、清洁生产产业、清洁能源产业"。这需要建立一整套既使市场在资源配置中起决定性作用，又能更好发挥政府作用的，符合污染防治要求的环境市场机制。①

在经济学原理上，生态环境污染被视为市场的负外部性，不能通过市场自主地配置资源来解决。需要政府发挥作用，来解决这种市场外部性，具体手段有三种：环境资源税费、排放（污）权交易及行政惩罚管制，前两种是调节市场手段，后一种为强制行政手段。

1. 环境资源税费

经济学家庇古在 1920 年提出了环境资源税费——庇古税，即对每个污染排放行为征收一个单位的排放税，实质就是给污染确定价格。在资源税费方面，资源尤其是化石燃料与矿石产品的开采会带来大量污染，需要用资源税来补偿。我国早在 2007 年就酝酿推行资源税改革，但当时迫于通胀压力未能实行。接着不期而至的金融危机，使得资源税再次搁浅。我国目前资源税征税范围限于原油、天然气、煤炭、其他非金属矿原矿等七个品目，而且存在从量计征、税额偏低的问题，仍有许多重要的自然资源未包括在内，如水资源、地热资源、森林资源等。2010 年 6 月，我国启动了新疆矿产资源税改革试点，明确扩大范围，从价计征，提高税率。2010 年 7 月，中央决定矿产资源税改革扩大至整个西部地区，这标志着我国资源税改革拉开了序幕。自 2017 年 12 月 1 日起，在总结河北省水资源税改革试点经验的基础上，财政部、国家税务总局和水利部联合发文，在北京等 9 个省市实施扩大水资源税改革试点。在环境税费方面，我国排污收费制度已执行 30 余年，征收对象涉及 506 万家企事业单位和个体工商户。

---

① 郭兆晖：《环境污染赔偿还需要完善市场手段》，《学习时报》2015 年 1 月 5 日。

2018 年 1 月 1 日起，《中华人民共和国环境保护税法》施行，标志着中国有了首个以环境保护为目标的税种。

2. 排放（污）权交易

经济学家科斯于 1960 年提出的科斯定理，指出通过给污染行为确定产权，污染权可以进行交换，从而通过市场交易来使污染得到有效解决。我国在排放（污）权交易已经有了一定进展，尤其是碳排放权的交易。1997 年通过的《京都议定书》把碳排放交易作为碳减排的重要工具，之后世界各国纷纷构建自己的碳交易市场。由于我国已经成为世界碳排放的第一大国，遭受了巨大的国内外碳减排的压力，因此我国开展了碳排放交易试点工作。2011 年 10 月，国家发改委确定北京、上海、天津、重庆、深圳、广东和湖北为首批碳排放交易试点省市。据国家发改委估计，我国如果建成全国碳排放交易市场，加入期货交易，交易额将达 600 亿到 4000 亿元人民币。因此，要切实发挥绿色金融杠杆作用。可以通过建立更完善的碳交易市场带动排污权、用水权、用能权等环境权益交易市场发展，让老百姓像买卖股票一样买卖绿色金融产品，让老百姓像关注股市一样关注污染防治，让污染防治与老百姓钱袋子紧紧联系起来。

3. 行政惩罚管制

在环境资源税费、排放（污）权交易没有建立或无法推行的领域，国家还是要加强对环境污染的行政惩罚管制，来弥补市场调节手段的缺失。加紧进行生态环境保护责任追究制度和环境损害赔偿制度的理论研究和现实调研，厘清基本的理论问题。目前，对环境赔偿的根本目的、环境损害的界定、赔偿原则、赔偿范围、免赔条件、追溯时限等一些基本理论还没有具体界定；因果关系的确认、举证责任、赔偿程序、赔偿数额的计算等基本的政策、标准、规范尚未建立；对无法确定环境侵权人的环境损害如何赔偿、损害后果超过环境侵权人赔偿能力时如何赔偿等无法回避的现实问题还没有形成共识，更没有操作依据。

（三）统筹推进疫情防控和污染防治攻坚战

当前要统筹疫情防控、经济社会发展和生态环境保护三者关系，把握总体平衡，全力以赴做好疫情防控相关污染防治工作，积极支持企业复工复产，按照 2020 年《政府工作报告》要求，打好蓝天、碧水、净土保卫战，实现污染防治攻坚战阶段性目标。

1. 加快补齐医疗废物、危险废物收集处理设施方面短板

各地各部门要积极应对废弃口罩、废弃防护物品等医疗废弃物激增等现实情况，科学做好垃圾分类工作，无害化处置医疗废弃物；做好城镇与农村污水处理；切实关注各类消毒用品及药品的不适当使用与处置，严格防范化学品的二次污染。

在各地精准有序扎实推动复工复产的同时，还要坚决杜绝高消耗高污染产业及企业"死灰复燃"，在做好疫情防控工作的同时，继续治理"散乱污"企业，压力不降、劲头不松、力度不减，推进重点区域大气环境综合整治，加快城镇、开发区、工业园区污水处理设施建设，深入推进农村牧区人居环境整治，坚决打好污染防治

攻坚战。①

2. 强化环境应急管理

全力做好疫情地区大气、地表水等环境质量监测，重点强化饮用水水源地水质监测，增加余氯特征指标，及时公开监测信息，加快提升应急监测能力。加强企业复工复产突发环境事件应急准备，抓实抓细环境应急预案修订，对环境应急物资、装备和技术查漏补缺。坚持24小时应急值守。

3. 制定实施环评审批正面清单，便利项目开工建设

豁免部分项目环评手续办理。继续落实好已出台的新冠肺炎疫情防控期间急需的医疗卫生、物资生产、研究试验等三类建设项目环评应急服务保障政策。加强与排污许可制衔接。

拓展环评告知承诺制审批改革试点。将环境影响总体可控、受疫情影响较大、就业密集型等民生相关的部分行业纳入环评告知承诺制审批改革试点。强化项目环评审批服务。动态更新国家层面、地方层面和利用外资层面重大项目环评审批服务"三本台账"，提前介入，开辟绿色通道，提高审批效率。对复工复产重点项目、生猪规模化养殖等项目，采取拉条挂账方式，主动做好环评审批服务。创新环评管理方式，公开环境基础数据，优化管理流程，实现"不见面"审批。

---

① 郭兆晖：《统筹推进疫情防控与生态文明建设》，《经济日报》2020年3月13日。

4.制定实施监督执法正面清单，发挥激励导向作用

免除部分企业现场执法检查。对与疫情防控物资生产和民生保障密切相关的，污染排放量小、吸纳就业能力强的，涉及重大工程和重点领域的管理规范、环境绩效水平高的企业，不进行现场执法检查。推行非现场监管方式。充分利用遥感、无人机巡查、在线监控、视频监控、用能监控、大数据分析等科技手段开展非现场检查，及时提醒复工复产企业正常运行治污设施。落实"双随机、一公开"监管。规范行使行政处罚自由裁量权，严格依照法定权限和程序执法，审慎采取查封、扣押和限制生产、停产整治措施。对因受疫情防控直接影响，环境违法行为轻微并及时纠正且未造成环境危害后果的，可以不予处罚，督促尽快整改。对因受疫情防控直接影响而未能按期完成整改的，可以酌情延长整改期限。对偷排偷放、恶意排污、监测数据弄虚作假，以及涉疫情医疗废物、医疗废水，侵害群众健康、群众反映强烈、严重污染环境的环境违法犯罪行为，要坚决依法查处。

5.加大技术帮扶，协助企业解决治污难题

利用国家生态环境科技成果转化综合服务平台，做好环境污染治理方案和技术的需求方和供给方对接，为企业免费提供技术咨询服务。引导鼓励工业园区和企业推进第三方治理，推广环境医院、环保管家、环境顾问等服务模式。做好"结对定点帮扶""送政策送技术送服务"等活动。[1]

---

[1]　生态环境部：《关于统筹做好疫情防控和经济社会发展生态环保工作的指导意见》，2020年3月3日，见 http://www.mee.gov.cn/zcwj/zcjd/202003/t20200313_768877.shtml。

6.积极推动和配合落实相关政策，缓解企业资金困难

充分发挥国家绿色发展基金作用，鼓励有条件的地方、金融机构和社会资本设立区域性绿色发展基金。加强污染防治资金项目管理，向受疫情影响较重的地区和疫情防控重点工作倾斜。对受疫情影响严重且符合污染治理条件的复工复产企业，依法核准延期缴纳环境保护税。推动金融机构加大绿色信贷实施力度。

（四）突出精准治污、科学治污、依法治污

要精准分析影响生态环境质量的突出问题和薄弱环节，分流域区域、分行业企业、分污染源对症下药，实施精细化管理。要遵循客观规律，以科学方法、科研数据、科技成果为依据，充分发挥生态环境科技成果转化平台的作用，切实提高环境治理措施的系统性、针对性和有效性。要坚持依法行政、依法推进，规范自由裁量权，严格禁止"一刀切"，避免处置措施简单粗暴。

1.强化精准治污，提升污染治理的针对性

坚决打赢蓝天保卫战是重中之重。这既是国内民众的迫切期盼，也是我们就办好北京冬奥会向国际社会作出的承诺。要以京津冀及周边、长三角、汾渭平原等为主战场，以北京为重点，以空气质量明显改善为刚性要求，强化联防联控，基本消除重污染天气，还老百姓蓝天白云、繁星闪烁。注重统筹细颗粒物（PM2.5）和臭氧（O_3）协同防治、统筹秋冬季和春夏季、统筹重点地区和城市群地区，着力抓好清洁取暖散煤替代、钢铁等行业超低排放改造、"公转铁"等工程建

设，加快推进工业窑炉、重点行业挥发性有机物（VOCs）治理，确保完成优良天数比例等约束性指标任务。以长江、黄河流域为重点抓好碧水保卫战，加强水源保护区划定保护、城镇污水收集处理设施建设、黑臭水体治理。在治水上有不少问题要解决，其中有一个问题非常迫切，就是要加快补齐城镇污水收集和处理设施短板。这方面欠账太多。根据中央环境保护督察提供的情况，甚至一些直辖市、沿海发达省份、经济特区都有大量污水直排。要定个硬目标，全力攻克，尽快实现污水管网全覆盖、全收集、全处理。否则，一边治，一边排，效果就会事倍功半。扎实推进净土保卫战，提升危险废物环境监管、处置利用和风险防范能力。做好医疗设备辐射安全监管。加快提升生物安全管理水平。突出重点区域、行业和污染物，强化土壤污染管控和修复，有效防范风险，让老百姓吃得放心、住得安心。要全面禁止洋垃圾入境，大幅减少进口固体废物种类和数量，严厉打击危险废物破坏环境违法行为，坚决遏制住危险废物非法转移、倾倒、利用和处理处置。

2. 实施科学治污，不断满足污染治理实际需求

加大大气重污染成因与治理攻关及成果应用，构建重污染天气应对技术体系，实现提前研究、提前告知、提前预警。深化细化大气污染源排放清单研究，强化污染治理和应急减排效果评估，持续推进"一市一策"驻点跟踪研究。深入组织实施水专项和长江生态环境保护修复联合研究项目。开展生态环保技术研发与应用，提升废物废水处理处置、应急监测等环境保护技术支撑水平。运用好第二次污染源普查成果，建立完善风险预警模型，推行热点网格预警机制。

3. 坚持依法治污，营造知法守法氛围

进一步完善水、大气污染物和固体废弃物排放标准和规范，充分听取企业和行业协会商会意见，征求意见过程向全社会公开。加强合法性审核，政策标准的制定、实施要统筹考虑疫情防控和经济社会发展需要，为企业预留足够时间，提高可预期性。在出台标准规范的同时，发布指导企业达标排放的相关规范及指南。将执法与普法、执法与服务相结合，大力开展"送法入企"活动，做好企业复工复产的环境法规宣贯。

（执笔人：郭兆晖副教授）

精准扶贫与乡村振兴是围绕"三农"问题的两大重要举措，二者具有内在统一性与行为耦合性。当前，我国正处于精准扶贫与乡村振兴有机衔接的历史交汇期，要充分认识到因主体维度、时间维度和目标维度差异带来的困难与挑战。

　　在脱贫攻坚战全面打赢之际，在乡村振兴战略推进的关键时期，要围绕产业振兴、人才振兴、文化振兴、生态振兴、组织振兴精准发力，推动农业全面升级、农村全面进步、农民全面发展。

第六章

推进精准扶贫与乡村振兴
有效衔接

　　2020 年是全面建成小康社会的决胜之年，是脱贫攻坚的收官之年，实现现行标准下农村贫困人口全部脱贫、贫困县全部摘帽、解决区域性整体贫困的目标，这将是我国历史上首次整体消除绝对贫困现象。打赢脱贫攻坚战后，我国扶贫任务的重心也将从解决绝对贫困转向解决相对贫困，建立解决相对贫困的政策体系和工作机制，推进减贫战略与乡村振兴战略有效衔接、平稳转型。2020 年 3 月 6 日，习近平总书记在决战决胜脱贫攻坚座谈会上提出："要针对主要矛盾的变化，理清工作思路，推动减贫战略和工作体系平稳转型，统筹纳入乡村振兴战略，建立长短结合、标本兼治的体制机制。这项工作，中央有关部门正在研究。总的要有利于激发欠发达地区和农村低收入人口发展的内生动力，有利于实施精准帮扶，促进逐步实现共同富裕。"① 中共中央、国务院印发的《乡村振兴战略规划（2018—2022年)》指出："把打好精准脱贫攻坚战作为实施乡村振兴战略的优先任务，推动脱贫攻坚与乡村振兴有机结合相互促进"。

一、精准扶贫与乡村振兴的内在统一性

消除贫困，改善民生，实现共同富裕，既体现了马克思主义的根本立场和社会主义的本质要求，也凝结着中国共产党人的初心和使命。因此，从本质上看，精准扶贫与乡村振兴，具有价值目标上的内在统一性。

（一）价值取向的统一性

人民立场是马克思主义政党区别于其他政党的显著标志，是中国共产党的根本立场，是中国特色社会主义政治经济学的根本立场。新中国成立前，我们党领导广大农民"打土豪、分田地"，就是要让广大农民翻身做主得解放。新中国成立之后，中国共产党坚持全心全意为人民服务的根本宗旨，坚持以人民为中心的发展思想，带领全国各族人民持续向贫困宣战，取得了显著成就。党的十八大以来，中国共产党领导广大人民脱贫致富奔小康，就是要让广大人民群众过上好日子。习近平总书记指出："从本质上说，坚持党性就是坚持人民性，

---

① 《在决战决胜脱贫攻坚座谈会上的讲话》，人民出版社 2020 年版，第 12 页。

坚持人民性就是坚持党性，党性寓于人民性之中，没有脱离人民性的党性，也没有脱离党性的人民性。"① 在党的领导下，我国充分发挥社会主义制度优势，坚持一切为了人民、一切依靠人民的价值取向，集中出台一系列围绕精准扶贫与乡村振兴的政策举措，将人力、资金、精力、科技等生产要素大量地投入到农村地区，普遍提高了农村地区的生活水平、教育水平、医疗水平、文化水平等，补齐了贫困地区的发展短板，极大地提高了贫困地区人民的生活水平，脱贫攻坚取得了显著成就。人民群众既是脱贫攻坚的主体，也是乡村振兴的主体。因此，实施乡村振兴战略，必须坚持党的领导，坚持以人民为中心的发展思想，相信群众、依靠群众，充分调动人民群众的主动性和创造性，进一步提高农业、农村、农民的现代化水平。

（二）目标追求的统一性

精准扶贫与乡村振兴统一于全面建成小康社会、建成社会主义现代化强国、实现中华民族伟大复兴的目标追求。精准扶贫与乡村振兴所对应的时间段不同、侧重点不同、机制不同，但二者的根本目标是一致的，即"两个一百年"奋斗目标，聚焦农村农业现代化，贯穿于社会主义现代化强国的发展全过程。没有农村农业的现代化，就没有国家的全面现代化，精准扶贫与乡村振兴正是致力于推进农村农业现代化、破除城乡二元结构的历史矛盾。改革开放以来，农业、农村、农民为国家现代化发展、高速经济增长、缓解经济危机等作出了重大

---

① 中共中央宣传部：《习近平总书记系列重要讲话读本（2016 年版）》，学习出版社、人民出版社 2016 年版，第 193 页。

贡献。然而，农业农村发展滞后、农村居民生活水平较低、城乡二元结构等矛盾依然突出，特别是存在公共服务不平衡、要素由村入城的单向流动等问题，我国现代化发展的"短板效应""木桶效应"逐渐显现。由此，我国必须调整城乡关系，注重发展的整体效能，缓解社会矛盾，聚焦农村农业现代化，破除体制机制障碍，推进精准扶贫与乡村振兴，推进公共服务均等化，实现要素双向流动，走出一条中国特色的城乡融合发展道路，中国特色农业农村现代化道路。习近平总书记指出："打好脱贫攻坚战是实施乡村振兴战略的优先任务。乡村振兴从来不是另起炉灶，而是在脱贫攻坚的基础上推进。确保全面建成小康社会不落一户，首先要增强乡村振兴与脱贫攻坚融合推进的意识。"① 精准扶贫与乡村振兴要统筹推进、协同推进，激发农民的内生动力，提升农村整体环境，让农业强、农村美、农民富的格局全面实现。

二、精准扶贫与乡村振兴的行为耦合性

所谓耦合关系，是指两个或两个以上的体系或两种运动形式间通过相互作用而彼此影响以至联合起来的现象。精准扶贫是乡村振兴的前提工作和基础任务，乡村振兴是巩固脱贫成果，进一步解决相对贫困的根本途径。由此可见，从实践行为来看，精准扶贫与乡村振兴具有很强的行为耦合性。

---

① 何绍辉：《协调推进脱贫攻坚与乡村振兴》，《人民日报》2018 年 12 月 24 日。

（一）机制行为耦合

精准扶贫实施了"五级书记抓扶贫"的治理机制，这不仅为打赢脱贫攻坚战提供了组织保证，也为"五级书记抓乡村振兴"奠定了工作机制。要切实落实领导责任。坚持党的领导，发挥社会主义制度可以集中力量办大事的优势。要强化扶贫开发工作领导责任制，把中央统筹、省负总责、市（地）县抓落实的管理体制，片为重点、工作到村、扶贫到户的工作机制，党政一把手负总责的扶贫开发工作责任制，真正落到实处。"五级书记抓扶贫"的治理机制，以"关键少数"汇聚各方资源、统筹各方力量，层层签责任书、立军令状，是党和国家对如何开展扶贫工作的创见性思路，保证了精准扶贫工作自上而下强有力的贯彻推动，体现了党对扶贫工作的集中统一领导，充分地发挥了社会主义的制度优势。实施乡村振兴战略要在"五级书记抓乡村振兴"的工作机制上，进一步发挥党领导一切的政治优势，把好政治方向，建好基层组织，引进创新人才，发展主导产业，确保乡村振兴的顺利推进。同时，我国通过精准扶贫工作，抓牢抓实了基层党组织建设，通过项目安排、资金使用、措施到户等政策落实，培养、锻炼了一大批基层干部、驻村干部，为推进乡村振兴提供了人才保障。

（二）基础行为耦合

精准扶贫大力推动农村的基础设施建设，培育区域性特色产业，助力乡村教育发展，在产业、文化、人才等方面奠定了坚实的基础，有利于推动"五大振兴"。从脱贫人口上看，贫困人口从 2012 年年底的 9899 万人减到 2019 年年底的 551 万人，贫困发生率由 10.2% 降至 0.6%，连续 7 年每年减贫 1000 万人以上；从扶贫开发上看，建档立卡的贫困人口中，90% 以上得到了产业扶贫和就业扶贫支持，三分之二以上主要靠外出务工和产业脱贫，全国建档立卡贫困户人均纯收入由 2015 年的 3416 元增加到 2019 年的 9808 元，年均增幅 30.2%；从基础设施上看，具备条件的建制村全部通硬化路，村村都有卫生室和村医，10.8 万所义务教育薄弱学校的办学条件得到改善，农网供电可靠率达到 99%，深度贫困地区贫困村通宽带比例达到 98%。[1] 在落实精准扶贫政策的同时，特困地区、农村地区大力推进基础建设，特别是农田水利、道路交通等直接影响农民生产生活的基础设施，充分激发了贫困人口发展产业的内在动力，贫困人口的收入水平得到显著提高，为推进乡村振兴工作奠定了扎实的物质基础。

（三）政策行为耦合

针对我国贫困地区的多元性、差异性，国家开展精准扶贫工作，坚持实事求是、因地制宜，实施了产业扶持政策、医疗救助政策、教育帮扶政策、金融信贷政策等一整套政策体系，构建了东西部扶贫协作制度、中央定点帮扶制度、驻村工作队制度等一整套组织制度和政策体系，同时建立了第三方评估、省际交叉考核、市级交叉考核等一整套考核评估体系。这些政策行为，一方面为乡村振兴工作提供了政策、组织、考核方面的成熟经验；另一方面，通过精准扶贫，创新性

---

[1] 《在决战决胜脱贫攻坚座谈会上的讲话》，人民出版社 2020 年版，第 3 页。

地实施了电商平台扶贫、龙头企业扶贫、生态旅游扶贫等一系列发展模式，为特色农产品的销售打通了购买渠道，也为乡村振兴打通了农村与城市、国内与国外连接的渠道和平台，拓展了市场空间。另外，随着脱贫攻坚工作的完成，中央明确提出，政策行为的"四个不摘"，即摘帽不摘责任、不摘政策、不摘帮扶、不摘监管，这为精准扶贫与乡村振兴的有序衔接、平稳过渡，在短期内提供了稳定的政策支持。

三、精准扶贫与乡村振兴衔接面临的困难

精准扶贫与乡村振兴衔接具有内在统一性、行为的耦合性，也面临着衔接的诸多困难，需要突破和解决。主要从主体维度、时间维度、目标维度来分析。

（一）主体维度：个体性与整体性的困难

从主体维度看，精准扶贫与乡村振兴聚焦的主体存在差异，面临着个体性与整体性衔接的困难。主要表现在两个方面：一是精准扶贫主要聚焦的人口是农村绝对贫困人口，即关注的是贫困户个体，而乡村振兴主要聚焦的是乡村整体人口；二是精准扶贫主要聚焦的区域是贫困县、贫困村，即农村地区的特殊区域，而乡村振兴聚焦的是整个农村地区。因此，在精准扶贫与乡村振兴的衔接中，需要把握个体与整体的差异，需要在顶层设计上统筹协调，突出政策的针对性和实效性。也就是说，由于聚焦主体不同，政策的指向就不同。具体分析

如下：

1.聚焦主体的差异性

精准扶贫工作的第一步正是精准识别"贫困户"，精准扶贫聚焦主体具有较高的身份识别度。相对而言，乡村振兴面向的人口更加广泛，不仅涉及乡村整体人口，还包括返乡的务工人员、大学生、乡贤等，还包括下乡投资、工作的外来人员。因此，精准扶贫的政策导向，要精确到贫困户以及贫困村民个人。相比而言，乡村振兴的政策指向将更具有普惠性以及任务导向性、项目导向性，如加快建设道路桥梁、农田水利、休闲娱乐、健身锻炼、图书影音等乡村公共基础设施，或者发展乡村集体经济、打造乡村旅游、建设特色小镇等。

同时，乡村振兴应充分发挥各类主体的协同作用，充分集中人力、资金等生产要素，发展乡村特色产业，建立乡村产业体系。对于返乡的务工人员、大学生、乡贤以及下乡投资、工作的外来人员，这一类群体中不少是具有一定学历背景、社会阅历、社会影响力的人士，或是具有市场判断力、长期在外打拼的务工人员，或是具有农业种植、养殖技术的致富带头人，政府应充分重视发挥这一类群体的导向性、引领性作用，利用人才精英带动乡村广大农民发展产业、建设乡村。

2.聚焦区域的差异性

乡村振兴的区域除了精准扶贫定位的贫困村之外，还包含广大的非贫困村。脱贫攻坚期间，大量资金、人力等都投入到贫困村的建设与发展，贫困村发展速度和关注度高于非贫困村。而乡村振兴应统筹推进各地区的发展，政策导向需注重乡村整体性和区域的差异性。因此，政策设计应做到实事求是、因地制宜。

（二）时间维度：短期性与长期性的困难

从时间维度看，面临着短期与长期目标任务衔接的困难，主要体现在：精准扶贫对标的是全面建成小康社会，实现第一个百年奋斗目标；乡村振兴对标的是建成社会主义现代化强国，实现第二个百年奋斗目标。由于历史时段不同、对标任务不同，精准扶贫与乡村振兴在整体规划、政策设计上，应把握好短期目标与长期目标之间的关系。

精准扶贫是全面建成小康社会的底线目标，到 2020 年，我国现行标准下农村贫困人口全部脱贫、贫困县全部"摘帽"，解决区域性整体贫困，兑现消除绝对贫困，实现"小康路上一个都不能少"的庄严承诺；而乡村振兴的远景规划是到 2050 年，对标于实现中华民族伟大复兴。按照战略规划，到 2020 年，乡村振兴的制度框架和政策体系基本形成；到 2022 年，乡村振兴的制度框架和政策体系初步健全；到 2035 年，乡村振兴取得决定性进展，农业农村现代化基本实现；到 2050 年，乡村全面振兴，农业强、农村美、农民富全面实现。

由此可见，精准扶贫是"攻坚战"，更注重短期目标，在政策设计上更注重实效性、精准性，要起到"立竿见影"的效果。发挥制度优势和组织优势，强力推进产业扶贫、医疗扶贫、教育扶贫、易地扶贫，强化脱贫的考核评估，推动工作在短期内取得成效，以只争朝夕、攻坚克难的干劲，使贫困的老百姓有实实在在的获得感。

乡村振兴实施时间相对较长，更注重长期目标，因此，对农村、农业的发展不可抱有"一蹴而就"的心态，应具有历史耐心。乡村振兴要做到全面振兴，实现"产业兴旺、生态宜居、乡风文明、治理有效、生活富裕"的总要求，必须做到科学规划、精准谋划，坚持重点论与系统论相结合，产业、生态、文明、治理等因素先后有序。精准扶贫与乡村振兴衔接，应设立一个"过渡期"，防止出现断崖式返贫，特别是对一些不稳定脱贫户、边缘易致贫户或者由于其他突发事件的返贫户。因此，相关政策体系、组织体系、监管制度都应设立一段过渡期，对于仍处在贫困线边缘的扶贫户应加以关注，采取必要的措施，进行重点帮扶。

（三）目标维度：绝对性与相对性的困难

从目标维度看，精准扶贫与乡村振兴在减贫目标上存在绝对性与相对性的困难。精准扶贫主要解决的是绝对贫困问题，更注重生存性问题；乡村振兴主要解决相对贫困问题，更注重发展性问题。

精准扶贫方略，瞄准的是实现"两不愁三保障"的扶贫开发目标（到 2020 年，稳定实现农村贫困人口不愁吃、不愁穿，义务教育、基本医疗和住房安全有保障），这是解决绝对贫困的基本任务。尽管脱贫攻坚取得了巨大成就，贫困地区的面貌发生了天翻地覆的变化。但是，农村整体发展依然存在一些问题：部分贫困户内在发展动力依然不足；分散小农户所形成的自然经济不具有市场竞争力，抵御市场风险能力弱；农村基础设施建设相对落后，基本公共服务仍有待改善；

农村金融体系难以有效支持农民创业发展；农村基层党组织仍需进一步加强，缺乏创新引领农户脱贫的思路与动力；乡村治理体系不完善，特别是农民自治水平相对较低，难以形成合力；农村生态环境问题突出，环境治理的短板亟待补齐。相对城市发展而言，基础设施建设与基本公共服务仍然存在很多短板。

乡村振兴不仅要注重相对贫困人口的脱贫问题，也要平衡乡村整体发展问题，实现产业振兴、人才振兴、文化振兴、生态振兴、组织振兴。因此，实施乡村振兴战略，既要立足长远，运用系统思维，统筹推进产业、人才、文化、生态、组织等工作，又要把握好各个阶段的重点工作，建立解决相对贫困人口的长效机制，实现贫困人口稳定脱贫。

四、从"五个转变"推动精准扶贫与乡村振兴衔接

习近平总书记强调："要坚持乡村全面振兴，抓重点、补短板、强弱项，实现乡村产业振兴、人才振兴、文化振兴、生态振兴、组织振兴，推动农业全面升级、农村全面进步、农民全面发展。"[1] 总书记的重要论述为探索精准扶贫与乡村振兴平稳过渡、有效衔接，指明了方向。我们应从这"五个振兴"中，寻找精准扶贫与乡村振兴的衔接点和突破口，从贫困户的普惠性政策转为乡村发展的全面性政策，在实现"五个转变"中探索衔接的具体路径。

---

[1] 《习近平论"三农"》，《人民日报海外版》2019 年 5 月 8 日。

（一）实现从产业扶贫到产业振兴转变：构建产业体系

精准扶贫与乡村振兴衔接的基础在于产业振兴，产业振兴是建立解决相对贫困人口长效机制的"牛鼻子"，为生态振兴、文化振兴、人才振兴、组织振兴奠定经济基础。乡村振兴要在扶贫产业的基础上，整合地方资源，形成区域性特色产业，强化传统农业向现代农业转型升级，着力建构现代农业产业体系，培育新型农业经营主体，健全农业社会化服务体系，实现小农户和现代农业发展的有机融合。

一是发展多种形式的适度规模经营，形成市场竞争力。适度规模经营是实现农业现代化的重要途径，是实现农业增效和农民增收的现实保障，是应对激烈市场竞争的必然选择。只有适度规模经营，才能实现现代农业产业的集约化、标准化、品牌化，从而占有市场，赢得市场。深化农村土地制度改革，推进农村承包地"三权分置"改革，为土地顺利流转、发展现代农业提供制度基础。

二是推进技术创新，提升农产品附加值，对农产品进行深加工，对接国内外市场，发展乡村旅游，推进一二三产业融合发展。近年来，虽然我国农村产业迅速发展，但产业链条短、产品附加值低等问题依然突出。因此，农业发展处于由增产导向转向提质导向的关键时期，推动农业科技创新，发展高效农业和绿色农业，打造现代农业产业园、农业科技园、返乡创业园以及集循环农业、创意农业、农事体验于一体的田园综合体，建设粮食生产功能区、重要农产品生产保护区、特色农产品优势区等，提高农产品的竞争力，提高农业生产的全要素生产率，以优质的农产品对接国内外市场，有效延长产业链、提升价值链、完善利益链。

125

（二）实现扶贫"尖兵"到人才振兴转变：培育人才队伍

精准扶贫与乡村振兴的衔接关键在于人才振兴，乡村振兴应依靠有效的手段，调动人才资源和教育资源，聚合乡村发展的智力资源，鼓励各类人才资源向农村流动，有效破解乡村振兴缺乏人才的困境，为乡村发展提供持久动力。精准扶贫培育了一批驻村工作队和第一书记等扶贫"尖兵"，乡村振兴在继续整合扶贫"尖兵"的人才基础上，应坚持"内育""外引"相结合，充分激发各类人才活力，培养一批懂农业、爱农村、爱农民的"三农"工作队伍。

首先，要重视培育本土人才，把本土人才资源当作重要支撑，利用好"乡情"纽带，充分激发乡村现有人才活力。一是应建立职业农民制度，实施新型职业农民培育工程，优化农业从业者结构。整合各种渠道及培训资金资源，通过党政主导、政策扶持、项目带动、社会参与等运行机制，实施农场主、农村实用人才、新型农业经营主体的各类培训计划，着力提升农民的农业生产、民间技艺及社会服务技能，增强致富本领，培养一大批爱农业、懂技术、善经营的新型职业农民。二是应大力推进农民职业化，将新型职业农民分为生产经营型、专业技能型和社会服务型三种类型，进行多样化、差异化培养，鼓励新型职业农民积极参加职业技能培训和技能鉴定，扶持培养一批农业职业经理人、经纪人、乡村工匠、文化能人和非遗传承人等，通过明确新型农民的职业定位，促进劳动力资源在更大范围内的优化配置。

其次，要积极引进人才。在全社会广泛吸引专家学者、高层次人才、高校毕业生、企业家、技能人员参与到乡村振兴工作中，鼓励各类人才向乡村流动集聚，为乡村发展注入活力和动力。一是"回引"一批眼界宽、思路活、资源广、有资本的企业家、务工人员和知名人士回村任职或创业。以乡村振兴的配套政策为支撑，这一类人可以在村两委、农村合作社或其他机构任职，带动其他村民创新创业、谋求发展，通过出台更优惠的政策、搭建更实用的平台、提供更优质的服务，进一步激发各类人才返乡创业就业积极性。二是鼓励专业人才、党政人才下乡服务，全面建立高等院校、科研院所等事业单位专业技术人员到乡村和挂职、兼职和离岗创新创业制度，吸引支持企业家、党政干部、专家学者、技能人才等通过下乡担任志愿者、投资兴业、包村包项目、捐资捐物等方式服务乡村振兴。三是实施高校毕业生乡村成长计划，鼓励高校毕业生到乡村基层岗位参与支农、支教，打通高校毕业生服务乡村振兴职业发展通道。四是做好引进人才的配套工作，建立覆盖乡村人才引进、培养、激励、保障等全方位政策体系，特别是关于人才的住房、医疗、教育等关系切身利益的政策保障，同时还要加大基础设施投资建设，激发乡村人才的创造活力。

（三）实现从文化扶贫到文化振兴转变：建设文明乡风

精准扶贫与乡村振兴的精神衔接在于文化振兴，应充分发挥文化在脱贫攻坚与乡村振兴中的引领作用，进一步拓展文化扶贫阵地，扩大文化振兴的区域，丰富扶志扶智形式。要推动乡村文化振兴，加强农村思想道德建设和公共文化建设，以社会主义核心价值观为引领，深入挖掘优秀传统农耕文化蕴含的思想观念、人文精神、道德规范，培育挖掘乡土文化人才，弘扬主旋律和社会正气，培育文明乡风、良好家风、淳朴民风，改善农民精神风貌，提高乡村社会文明程度，焕发乡村文明新气象。

首先，文化振兴应以社会主义核心价值观为引领，采取符合农村、农民特点的有效方式，加强爱国主义、集体主义、社会主义教育。一是应充分发挥线上与线下两个平台作用，用科学的理论教育农民、武装农民。二是应整理乡规民约、族谱家训等道德资源，充分发挥村民身边先进典型的示范效应，弘扬民族传统美德，教育引导村民向上向善、孝老爱亲、重义守信、勤俭持家，培育文明乡风、良好家风、淳朴民风，深入推进乡村社会公德、家庭美德、个人品德建设。

其次，文化振兴应坚持中华传统文化、地方特色文化，对乡村传统文化进行保护、传承与发展，使其与现代文化有机融合，以更好延续乡村文化血脉。一是应依托乡村丰富的历史文化资源、民族文化资源和生态文化资源，发展具有地域特色和民族特点的文化产品和服务，以传统村落、特色古镇、民族村寨、古建遗存等蕴含浓郁乡土文化气息的载体为主，实施好农村优秀戏曲舞蹈、手工技艺、民俗活动等非物质文化遗产的传承发展工程，增强农民群众对乡村文化的高度认同感和强烈归属感。二是应促进文化与农业、生态、旅游、科技等深度融合和创新发展，不断提高乡村文化创造力和生产力，推动文化富民、强村，塑造乡村振兴发展新态势，将地域特色和乡村文化元素融入农业生产、农产品加工、农业观光、农事体验中，赋予农业更多文化内涵。

（四）实现从生态扶贫到生态振兴转变：培育生态农业

精准扶贫与乡村振兴的环境衔接在于生态振兴，要立足于农村的生态优势，深入践行绿水青山就是金山银山理念，让良好生态成为乡村振兴的支撑点。习近平总书记指出："要推动乡村生态振兴，坚持绿色发展，加强农村突出环境问题综合治理，扎实实施农村人居环境整治三年行动计划，推进农村'厕所革命'，完善农村生活设施，打造农民安居乐业的美丽家园，让良好生态成为乡村振兴支撑点。"①生态振兴，应牢固树立"绿水青山就是金山银山"和"共抓大保护、不搞大开发"的绿色发展理念，以生态振兴促进宜业、宜居、美丽乡村建设，坚持走生态优先、绿色发展之路，促进生态扶贫与生态振兴有效衔接。

首先，生态振兴应加大基础设施建设，统筹山水林田湖草保护建设。加强农村资源环境保护，建立健全符合乡村实际、方式多样的生活垃圾收运处置体系，推进乡村公共厕所合理布局与卫生管理等设施建设，着力整治工业废弃物流向农村以及垃圾围村与污水排放等污染环境的突出问题，扎实推进农村污水处理、生活垃圾处理、饮用水卫生、畜禽粪便综合利用等农村环境综合整治。

其次，生态振兴应保护好绿水青山和清新清净的田园风光，保留住独特的乡土味道和乡村风貌，深入挖掘古村落中的历史遗迹、文化风俗、民间习俗等乡土文化资源，拓宽思路和举措，积极发展乡村旅游。通过优化设计，将自然景观优势转化为旅游观光产业，将农业与

---

① 乔金亮：《乡村生态振兴从整治环境做起》，《经济日报》2018年4月28日。

乡村旅游、加工工业、文化体育、健康养生等产业深度融合，建设具有历史文化底蕴与自然优美风光相衬托的特色村落集群，着力打造富有活力的健康养生旅游特色乡村，因地制宜发展休闲体验与旅游观光型的生态农业，促进农业增效、农民增收与美丽乡村建设。

（五）实现从扶贫队伍到组织振兴转变：完善乡村治理

精准扶贫与乡村振兴的组织衔接在于组织振兴，基层党组织是"不走的工作队"，是实施乡村振兴战略的"主心骨"，是推进乡村振兴战略的政治保障、组织保障。实施乡村振兴战略需要把基层党组织的组织优势、组织功能、组织力量充分发挥出来，把广大基层党员和群众的思想、行动、力量和智慧凝聚起来，齐心聚力投身乡村经济社会建设。组织振兴是乡村全面振兴的基石和保障，要推进乡村振兴，必须紧紧依靠农村党组织和广大党员，使党组织的战斗堡垒作用和党员的先锋模范作用得到充分发挥。

首先，组织振兴应抓牢"头雁队伍"这个核心，持续强化"领头雁"工程建设，通过调整充实、轮训培训等多种举措锻造一支强有力的村两委队伍。大力实施选能人进"两委"计划，采取内选、外引、下派等措施，不拘一格选优配强村级班子，特别是支部书记。加强带头人队伍教育培训，培训后备干部，开设村干部职业技能专修班。严格村干部实绩管理，以实绩选干部的导向，建立村干部实绩档案，落实换届期间"晒实绩"制度。强化农村基层党组织领导作用，深化村民自治实践，广泛运用协商民主，创新基层融合管理模式。

其次，组织振兴应把基层党组织标准化建设作为推动乡村组织振兴的有效途径，通过强化党支部体系建设，发挥组织优势，确保党在农村工作中始终总揽全局、协调各方。加强基层党支部制度建设，加强基层党支部阵地建设，充分发挥村民自治作用，不断创新组织方式，实现村民自治组织的良性运转。发展壮大村集体经济，坚持走支部引领、党员带动的集体经济发展新路子。

（执笔人：曹立教授）

党的十九大以来，党和政府坚持以人民为中心的发展思想，高度重视增进社会公平正义，促进全民共建共享。

　　发展型民生事业模式更符合我国国情，要在发展中补齐民生短板，实现幼有所育、学有所教、劳有所得、病有所医、老有所养、住有所居、弱有所扶，让人民群众共享发展成果。

第七章

加快补齐民生短板

　　2020 年是全面建成小康社会的实现之年，也是"十三五"规划的收官之年，中央经济工作会议对民生事业提出明确要求：在确保经济实现量的合理增长和质的稳步提升的同时，社会政策要托底。年初，一场突如其来的疫情不仅考验了公共卫生服务、应急管理水平，也将对今后一段时间的经济社会发展产生深远影响。当前，一系列影响经济社会可持续发展的挑战正在逐步显现：全球经济增速放缓、出口需求下降、企业复工复产困难、就业形势严峻等。越是经济增长疲软的时期，人民对民生建设的需求越迫切。2020 年我国将以更大的改革魄力和更强的政策力度加快补齐民生短板，让人民群众的获得感更强。

一、我国民生建设的发展目标与基本原则

党的十八大以来，面对社会主要矛盾的变化和人民群众对美好生活的向往，以习近平同志为核心的党中央始终坚持以人民为中心的发展思想，高度重视民生建设，我国民生建设加速发展，取得了为世界所公认的巨大成就。根据国家统计局发布的数据，截至 2019 年年底，全国大陆总人口突破 14 亿，参加城镇职工基本养老保险人数为 4.35 亿，参加城乡居民基本养老保险人数为 5.33 亿，两险合计参保人数 9.68 亿，占全国 16 岁以上人口的 84%。参加基本医疗保险人数为 13.54 亿，占总人口的 96.7%。全国共有 861 万人享受城市最低生活保障，3456 万人享受农村最低生活保障，439 万人享受农村特困人员救助供养。① 正是基于这些令人瞩目的成就，中国人力资源社会保障部在 2012 年荣获了国际社会保障协会亚太地区"社会保障良好实践奖"。中国政府在 2016 年 11 月于巴拿马举行的国际社会保障协会第 32 届全球大会上赢得了"社会保障杰出成就奖"。

（一）民生建设的发展目标

坚持以人民为中心的发展是习近平新时代中国特色社会主义思想的核心要义之一。在民生建设的实践中，坚持以人民为中心的发展思

---

① 国家统计局：《中华人民共和国 2019 年国民经济和社会发展统计公报》，国家统计局网站，2020 年 2 月 28 日，见 http://www.gov.cn/xinwen/2020-02/28/content_5484361.htm。

想，就是要把不断满足人民日益增长的美好生活需要转化为具体的民
生事业发展目标，使人民能够通过体系化的制度设计和政策措施分享
到经济社会发展的成果，从而提升安全感、获得感和幸福感。早在
2007 年 10 月，党的十七大报告就提出了民生建设的"五有"目标，
即"必须在经济发展的基础上，更加注重社会建设，着力保障和改善
民生，努力使全体人民学有所教、劳有所得、病有所医、老有所养、
住有所居"。"五有"目标涵盖了教育、收入分配、医疗、养老、住房
等民生需求的五个主要方面。党的十九大报告进一步指出："必须多
谋民生之利、多解民生之忧，在发展中补齐民生短板、促进社会公平
正义，在幼有所育、学有所教、劳有所得、病有所医、老有所养、住
有所居、弱有所扶上不断取得新进展。"在"五有"的基础上增加了
幼儿教育和帮扶弱势群体的内容，确立了新的民生事业建设的目标。

（二）民生建设的基本原则

民生建设是我国经济社会发展的一个有机组成部分，不是一个孤
立的系统。民生发展既要考虑到人民对美好生活的渴望，也要立足于
我国仍然是一个发展中国家的实际。也就是说，民生建设一定要处理
好社会建设资源供给与需求满足之间的关系。因此，明确民生建设的
基本原则对指导民生事业发展具有十分重要的意义。党的十九大报告
指出："保障和改善民生要抓住人民最关心最直接最现实的利益问题，
既尽力而为，又量力而行，一件事情接着一件事情办，一年接着一年
干。坚持人人尽责、人人享有，坚守底线、突出重点、完善制度、引
导预期，完善公共服务体系，保障群众基本生活，不断满足人民日益

增长的美好生活需要，不断促进社会公平正义，形成有效的社会治理、良好的社会秩序，使人民获得感、幸福感、安全感更加充实、更有保障、更可持续。"守住底线、突出重点、完善制度、引导舆论就是新时代我国民生建设的基本原则。

1. 守住底线

社会政策要托底，特别是社会保障制度设计是人民生活不至于陷入困顿的安全网，经济发展波动中社会稳定的压舱石。首先是守住帮扶困难群众的底线。正如习近平总书记多次强调的那样，全面建成小康社会，"一个也不能少"。其次是守住急需救助群众的底线。对于那些难以凭借个人能力抵御疾病、意外的，急需救治的困难群众，政府也会通过救助措施来帮扶他们。在新冠肺炎疫情中，政府及时出台了"两个确保"政策，即确诊和疑似患者的医疗费用，在基本医保、大病医保、医疗救助结算完以后，个人负担部分将由财政给予补助，医疗费用无需个人负担。目前，确诊住院患者人均医疗费用已经达到2.15万元，重症患者人均治疗费用超过15万元，少数危重症患者治疗费用达到几十万元，甚至超过百万元。这些费用均由医保机构按规定予以报销。①

2. 突出重点

民生建设要抓住人民群众最关注、最关心的问题，集中资源一件

---

① 央视新闻：《国家医保局：新冠肺炎重症患者人均治疗费用超过15万元均按规定予以报销》，2020年4月11日，见 http://www.mrjjxw.com/articles/2020-04-11/1424602.html。

事、一件事的办好、办扎实。一是要抓住重点群体，打赢精准脱贫攻坚战。二是要抓住重点地区，民生政策和民生建设资源更多地向经济发展条件相对较弱的"洼地"倾斜，少数民族地区、边疆地区、深度贫困地区更需要民生建设资源投入。三是要抓住重点领域。就业是第一民生，稳就业就是稳发展，就是给"人人尽力"创造条件。我国正在面临经济结构的升级转型，原有经济发展模式在科技革命和全球价值链深度调整的背景下有很多的不适应，从要素投入拉动到创新驱动的新旧动能转换还需要经历一个过程。再加上新冠肺炎已经发展为全球性的流行病，2020 年的就业形势不容乐观。当前要把扩大就业摆到民生建设突出位置，重点抓好高校毕业生的就业引导以及失业人员的再就业工作。一方面，要通过减税降费、扩大信贷等政策帮助企业特别是中小企业渡过疫情期间的经营困难时期，稳定就业岗位；另一方面，要大力鼓励创业特别是科技创业，以创业带动就业。

3.完善制度

稳定长效、健康可持续的民生事业必须建立在完善的制度保障的基础上。民生制度涉及 14 亿中国人的切身利益，人民群众不仅对民生保障水平有期望，对保障待遇的公平性也有要求。依靠制度推进民生建设才能够保障民生事业的规范性和稳定性。新时代的民生建设要对标"七有"的民生建设目标，进一步完善教育、就业、收入分配、住房、社会保障、卫生健康等民生方面的制度设计，特别要在养老保障制度、医疗健康制度等领域的改革有新的突破，建立更加公平、可持续的民生制度体系。

4.引导舆论

营造良好的社会舆论氛围，引导人民群众树立通过诚实劳动、自我奋斗、帮扶他人共同创造美好生活的理念。美好的生活不是"等靠要"得来的，而是通过"共同建设、共同分享"换来的。政府是民生建设的引领者、组织者，在民生事业中的主要作用是建制度、促发展、守底线，而创造美好生活的力量是人民群众自身的智慧和劳动。政府并不直接创造财富，政府的财政支出来自于通过税收形式汇集起来的财政收入。要警惕盲目满足过高的社会福利诉求，导致拖累国家长期发展的"福利病"。必须通过舆论引导，形成党和政府与人民群众共同解决民生问题的共同认识。

二、我国民生建设的制度模式选择

民生建设的制度模式选择主要涉及在民生建设中政府在多大范围内发挥作用，以什么样的形式提供社会福利，社会组织以及公民个体在民生建设中的责任等问题。不同的制度模式会影响就业政策、收入分配政策、社会保障政策的顶层设计，进而在深层次上影响一个国家内所有公民的就业选择、储蓄倾向和消费倾向。

自 19 世纪中叶，工业化国家开始大规模建立社会保障制度，各个国家在不断探索适合本国国情，能够满足国民期望以及符合社会公平正义要求的民生建设制度模式。早期的民生制度建设大体可以分为两种类型：补缺型和普惠型。

补缺型模式强调市场的力量，希望通过唤起公民对自身的责任和义务来保持劳动力市场的活力和竞争力，政府的责任是帮助弱势群体，特别是对丧失劳动能力的群体给予经济上的支持。政府对社会事业的干预限制在"填补缺口"的范围内，社会不养懒汉，不允许人民搭社会福利的"便车"，每个人为自己负责，社会竞争的压力促使人们更加努力地工作。同时，强调高度的社会责任感，支持非营利性组织积极参与社会保障事务，并充分利用商业保险等市场机制满足国民对分散风险的需求。

普惠型模式则强调政府对保障国民生活和福利水平的责任，认为每个人的能力、机会和条件的不同使得在社会生活中总是存在强势群体和弱势群体，政府有必要通过收入再分配的机制来保障每个国民能够获得均等化的公共产品和社会福利。普惠型的福利模式赞成政府广泛参与经济和社会事务，实施覆盖全民的社会福利保障，为每一位公民提供福利和社会服务。

新型工业化国家在实践中提出了新的社会福利模式——发展型模式。发展型模式倡导民生保障制度设计既要有利于经济发展和个人参与，又要有助于国民福祉的改善。发展型模式强调国家通过在教育、医疗卫生、住房、职业教育等方面的投资，增强个人适应不断变化的社会环境和就业市场的能力。其主要的制度设计包括三个方面：一是促进就业的制度，保持较低税收、较高的就业率和净工资收入；二是基本公共服务均等化，保障在教育、医疗卫生和住房方面的平等权利；三是水平适当的社会保障和福利承诺。制度设计的目标是实现经济增长与社会的可持续发展。

从中国的现实条件上看，发展型民生事业模式更加可行。一方面，发展型模式重视民生建设与经济发展的相互促进，符合中国在社会主义初级阶段贯彻共建共享理念的要求，有利于处理好"做蛋糕"和"分蛋糕"的关系；另一方面，发展型模式能更好地解决人民不断追求美好生活的客观需求同民生保障的物质资源供应有限性之间的矛盾。按照发展型民生建设的逻辑思路，加快补齐民生短板要在发展中解决问题，按照人人尽力、人人享有的要求，政府、社会和个人三者要协同发力，政府做好制度设计和政策引导；社会要不断完善治理体系和治理能力；个人要不断提高劳动素质、积极参与社会建设。

三、推动我国民生建设迈上新台阶

虽然我国民生事业发展成就举世瞩目，但是由于我国还处于社会主义初级阶段，还是一个发展中国家，经济和社会发展"一条腿长，一条腿短"的现象长期存在，我国民生事业发展各个领域中仍然存在不少问题，发展不平衡不充分的问题仍然十分突出，距离人民对美好生活的期望还有不小的差距。要对标民生建设的"七有"发展目标，找到民生建设的短板，在发展中加快补齐民生短板。

（一）多措并举稳就业，积极应对疫情挑战

就业是最大的民生，稳就业就是保民生。党和政府一直高度重视就业工作，千方百计创造社会就业岗位，在就业总量压力和结构性矛盾长期存在的背景下，得益于国民经济的持续增长与经济结构的不断优化、改革与政策红利的持续释放，我国就业形势保持平稳。

2020 年受新冠肺炎疫情的影响，稳就业任务十分艰巨。进入 4 月，我国的疫情防控取得阶段性成效，但是疫情在全球多个国家蔓延，美国等国家的疫情还在发展，没有出现拐点。疫情对全球经济的影响已经显现，但其深度和广度目前还很难预测。世界经济和贸易增长受到严重冲击，不少出口企业的订单延期甚至取消，进而对就业造成影响。以外需为导向的中小企业，特别是制造业企业面临较大的困难。受疫情影响，全球供应链、物流系统受到影响，很多企业的复工复产也面临挑战。国家统计局数据显示，2020 年 1—2 月城镇调查失业率达到 6.2% 的统计最高水平，新增就业人数累计同比下降 37.9%，成为有统计以来的最低水平。[①] 一些重点群体，包括农村外出务工人员、大学生的就业压力会比过去更大。下一步，国家将通过更大力度的就业政策，实现稳就业的发展目标。

1. 稳就业的关键举措是多措并举支持企业发展

取消限制复工复产的不合理审批，推动企业复工复产；加快实施阶段性、有针对性的企业减税降费政策，切实降低企业经营成本；优化自主创业环境；优先投资就业带动能力强的产业。

2. 拓宽高校毕业生就业渠道

今年高校毕业生人数达到创历史新高的 874 万人。高校毕业生长期存在的就业难同新冠肺炎疫情的就业压力叠加在一起，今年的就业形势不容乐观。要实施好就业促进、创业引领、基层成长等计划，促

---

① 《稳就业需聚焦三类重点人群精准发力》，《经济参考报》2020 年 4 月 8 日。

进多渠道就业创业。国务院在 3 月发布的《关于应对新冠肺炎疫情影响强化稳就业举措的实施意见》（以下简称《意见》）提出，鼓励中小微企业吸纳就业，扩大国有企业、事业单位招募规模，扩大招生入伍规模，扩大就业见习规模，扩大专升本、本科攻读研究生的招生规模。也就是从创造更多就业岗位和提供更多学习深造的机会两个方面给高校毕业生提供就业或者延期就业的机会。

3.确保农民工安全有序转移就业

根据国务院《意见》的部署，主要从三个方面确保农民工就业问题：一是提供"点对点、一站式"返岗复工服务。推广地区间健康信息互认机制。对组织集中返岗涉及的交通运输、卫生防疫等给予支持。二是支持农民工就地就近就业。对于暂时无法返程或不打算返程的农民工，组织他们从事农业生产、特色养殖、生态旅游等工作。三是通过投资基础设施建设，创造一部分新的就业岗位。在县城和中心镇建设一批城镇基础设施、公共服务设施，吸纳农村贫困劳动力和低收入群体就业。

4.做好社会保障的兜底工作，确保失业人员基本生活无忧

国务院的《意见》中要求，一是保障失业人员基本生活，实现线上申领失业保险金；二是强化困难人员就业援助，对不符合领取失业保险金条件的参保失业人员，发放 6 个月失业补助金。

5.完善职业培训和就业服务

大规模开展职业技能培训，实施农民工等重点群体专项培

训。3 月底前开放线上失业登记，推进在线办理就业服务和补贴申领，加大人力资源服务供给，优化用工指导服务，依法规范裁员行为。持续开展线上招聘服务，低风险地区可有序开展小型专项供需对接。

（二）提升教育质量，切实降低公众教育负担

教育关系到国民素质和人力资本质量，关系到每一个国民能否有足够的能力参与到共建共享的过程中来，是增进国民福祉的根本，也是国家长期保持国际竞争力的基础。

新中国成立 70 多年来，我国教育事业取得了辉煌的成就。我国仅用短短 20 年时间走过了西方国家近百年的义务教育普及之路，义务教育普及程度已达到世界高收入国家的平均水平。2018 年小学学龄儿童净入学率提高到 99.95%，初中阶段毛入学率提高到 100.9%。高中阶段毛入学率提高到 88.8%，高中教育普及程度超过世界中上收入国家平均水平。[①] 现代职业教育和继续教育体系建成，2018 年全国共有 1.16 万所职业学校，中、高职招生达 925.9 万人，在校生达 2689 万人。改革开放以来，累计有 2.4 亿人次参加了高等教育自学考试，累计培养本、专科毕业生 1300 多万人，世界最大规模的高等教育体系已建成。每年超过 400 万的职业学校毕业生和超过 700 万的大学毕业生成为我国劳动力市场的新生力量，也是加快建设创新型国家的人才基础。

---

① 数据整理自：2019 年 9 月 26 日，教育部部长陈宝生在"庆祝中华人民共和国成立 70 周年新闻发布会"上的发言。

但是，教育事业发展不平衡、不充分问题也十分突出，主要表现为：学前教育"入园难"持续存在，义务教育阶段"择校热"长期困扰着家长，农村教育水平提高难成为教育现代化的最大短板，城镇化进程中"农民"转"市民"子女"入学难"问题依旧突出，等等。教育资源供给不足、优质资源配置不均、农村和城市教育服务均等化程度不高、现代职业教育发展不充分、高等教育在不同省份配置不均衡、社会力量参与办学不充分等因素是造成上述问题的主要原因。加大力度推进教育公平，进一步提升教育质量，这是补齐教育民生短板需要努力的方向。

1. 提供高质量的基础教育

要将基础教育均等化作为基本公共服务均等化的首要任务来抓。十年树木，百年树人，基础教育是提升国民素质、提高劳动者技能的基础工程，关系到"人人尽力、人人享有"的发展型民生建设制度模式的成败。随着科学技术的加速发展，新一轮以信息技术、生物工程、人工智能为代表的技术革命蓄势待发，必将深刻地影响到社会经济生活的方方面面。有不少的学者和企业家估计，未来30年现有的工作岗位将有近一半会消失，机器不仅将替代人的体力劳动，还将越来越多地替代人的脑力劳动。同时，新的就业机会也会不断涌现，工作内容将同20世纪有很大的不同，会更聚焦于新技术、新方法和新体验的创新活动。为此，基础教育必须作出相应的调整，帮助受教育者获得未来参与创新所需要的基础性知识和能力，特别是应该提高在数字化时代的数字素养。

基础教育要加快高质量发展的顶层设计，在优质教育资源不足的情况下，单方面强调教育资源均等化的改革难以奏效。下一步应当考虑将积聚和发展优质教育资源的目标优先于均等化目标，通过政府加大教育投入，提高教师待遇，鼓励和规范社会办学，发展互联网网络教学等制度设计，尽快提高基础教育的平均水平。要改革基础教育的内容，增加数字化时代的数字素养的教学要求，为受教育者通过网络和数字化获得信息以及终身教育打下良好基础。

"择校热""课外补习热"长期困扰着家长和学生，说明优质的基础教育供给数量还不能够满足人民对高质量教育的要求，不同教育产品的提供仍旧在较大程度上影响了学生学习成绩的最终结果。给"择校热""课外补习热"降温，关键之策还是要扩大优质教育资源的供给，让学生们可以免费听到更多的好课程，接受更多好老师的教育。提高教师待遇，加大教师培训力度非常重要。优质校和示范校与普通学校的对口帮扶，知名高校在暑假期间开展中小学教师培训的工作坊等举措要进一步扩大范围，形成长期化的制度安排。

更多地运用互联网手段将优质教育向农村地区、边远地区和少数民族地区倾斜。在疫情期间，全国的中小学生已经尝试了远程在线学习。下一步可以通过政府加大远程网络教学的基础设施投入，包括为农村地区、边远地区和少数民族地区的学生提供网络接入、网络终端设备和优质网络课堂等，让学生能够更多地通过在线学习获得教育，缩小不同地区基础教育质量的差距。同时，逐步推进分层教学，在同一学校、同一班次中根据学生的不同兴趣和不同接受程度采取更有针对性的教学。基础教育要向着校际基本无差别、校内教学有层次、教育机会均等化的目标迈进。

2. 建立有活力的现代职业教育体系

现代职业教育是高等教育的"半壁江山"，高素质劳动者和技术技能人才有赖于高质量的现代职业教育。作为与产业经济发展关系密切的教育类型，要推动职业院校和行业企业形成命运共同体。职业教育需要适应现代化经济体系变革的要求，围绕先进制造业和现代服务业发展方向，按照现代生产方式和产业技术进步要求，调整专业设置和课程结构，加强"双师型"教师建设，探索现代化经济体系下的职业教育规律，重点培养掌握新技术、具备高技能和终身学习精神的高素质技术技能人才和新型服务人才。

经费是教育实现可持续发展的基础保障。2018 年，全国教育经费总投入为 46135 亿元，国家财政性教育经费占 GDP 比例为 4.11%。中等职业教育经费投入和高等职业教育经费投入占比不高。德国是全世界公认的发展职业教育比较成功的国家，高质量的职业教育为德国培养了一大批的高素质劳动力，成为"德国制造""工匠精神"的根本保障。探究德国职业教育的成功经验，主要就是两条：一是校企深度合作，职业教育的教学安排同企业用工的实际需求紧密结合；二是充分的职业教育资源投入。没有教育经费的投入和保障，高质量的职业教育无从谈起。事实上，职业教育需要同企业、产业、技术紧密结合，从经费需求上比通识化的高中教育和本科教育更需要资金支持，加大职业教育投入刻不容缓。

建立有活力的现代职业教育体系，需要企业发挥更大的作用。产教融合、校企合作是提高现代职业教育水平的关键之举，是保持现代职业教育活力的源泉。长期以来，相当多的企业用工需求以低水平操作工人为主，对劳动者素质的要求不高，导致校企合作中普遍存在"学校热、企业冷"现象,企业对参与现代职业教育的热情不高。但是,随着我国产业升级的客观需要的发展,供给侧结构性改革和现代化经济体系发展,企业对劳动者素质的要求也在不断提升。越来越多的企业开始探索将招聘人员的管理关口前移,也愿意为培养有绩效员工提供更多的资源投入。现在的问题是要将企业的用工需求和职业学校的教学目标对接,将企业的资源投入同政府的资源投入对接,让现代职业教育真正具有活力。现代职业教育管理上的治理结构就非常重要,企业在多大程度上能够有话语权,决定了校企合作的深度和广度。

通过定性和定量研究影响高技能人才供需因素发现:GDP、固定资产投资、高等职业学校招生数和毕业生数这4个变量均与高技能人才供给数量呈正相关,其中高等职业教育毕业生数影响程度最大。但目前我国现代职业教育体系并不完善,短板突出,尽管国家把职业教育发展的重心放到培养高层次应用型人才上来,重点发展本科层次的职业教育,开展分类教学、分类管理,推动具备条件的普通本科高校向应用型转变,但离形成中高职贯通、普职贯通的现代职业教育培养体系的目标还有很长的路要走。

3. 发展幼儿教育,保障"幼有所育"

2015年以来,我国为了促进经济社会与人口协调均衡发展,积极应对人口老龄化、劳动力短缺和男女比例失衡等问题,在坚持计划生育基本国策的前提下,开始实施"全面二孩"政策。这就使得本已十分短缺的幼儿教育资源更加短缺,"入园难、入园贵"的问题更加凸显。党的十九大报告首次将"幼有所育"作为民生建设的目标之一,体现了我们党对经济社会与人口协调发展问题的高瞻远瞩及补齐幼儿教育短板的关切。

高质量的幼儿教育需要经费保障，未来将加大学前教育经费投入，特别是偏远地区和贫困山区的学前教育经费的保障。不少西部地区和边远地区已经将基本普及十五年义务教育作为民生事业发展的目标提出来，其中包括了三年的学前幼儿教育，这是地方政府非常实际的惠民政策，一方面能够减轻家长的负担，另一方面能够为劳动者素质的提升打下良好的基础。越是经济欠发达的地区，越需要高素质的人才，投资教育就是投资未来。未来希望地方政府能够更多地关注幼儿教育，通过政策和资金引导更多的社会力量进入幼儿教育领域，保证所有的孩子都能够接受到高质量的幼儿教育，家长的负担能够控制在比较低的水平上。

增加公立幼儿园数量，提高私立幼儿园进入门槛和质量标准。近年来，私立幼儿园的数量在不断增长，而公立幼儿园的数量却在不断减少，两者比例严重失衡。私立幼儿园对比公立幼儿园来说，规模比较小，很多私立幼儿园在办学条件和师资配备上存在问题，不能提供合格的幼儿教育。从我国民生事业其他领域的经验看，要保证民生事业发展的公益性，公办机构的引领作用不容忽视。幼儿教育是公益事业，不能发展为以追求盈利最大化为目标的产业投资。社会办学和私立幼儿园在幼儿教育中可以发挥重要作用，但是公立幼儿园的数量必须占有较大的比重，才能发挥好引领作用。

（三）构建多层次多支柱的养老保障体系

为了应对全球老龄化危机，2005 年年底世界银行研究报告《防止老龄危机——保护老年人及促进增长的政策》中提出了五支柱的养老保障制度，可以作为我国建立多层次社会保障体系的借鉴。五个支柱分别是：以国家税收为支撑，不需要缴费的"零支柱"，提供最低水平保障；与本人收入水平挂钩的缴费型"第一支柱"；不同形式的个人储蓄账户性质的强制性"第二支柱"；灵活多样的雇主发起的自愿性"第三支柱"；建立家庭成员之间或代际之间非正规保障形式的所谓"第四支柱"。

企业职工基本养老保险制度需要进一步改革以实现可持续发展。目前的主要问题有三个：一是个人账户"空账"以致统筹账户与个人账户相结合的混合制制度设计长期名不副实，统筹账户独木难支，企业和个人缴费比例高，多数省份养老保险金征缴收入少于当期基金总支出，"空账"和资金缺口同时存在；二是基本养老保险金结余部分投资渠道少，资金无法实现保值增值；三是城乡之间、地区之间的制度不统一，资金统筹层次不高。

目前，我国养老保险制度的改革集中于实现可持续发展，其中，实现基本养老保险基金的全国统筹是关键。只有实现了全国统筹，才能推进制度并轨、扩大结余资金的投资渠道、降低费率以及通过划转部分国有资本充实社保，消化隐形债务和转制成本。

（四）保障医疗资金投入，推进医疗配套改革

突如其来的新冠肺炎疫情暴露出我国在卫生健康保障体系中仍然存在投入不足、治理不完善的"短板"，特别是重大疫情防控体制机制、公共卫生应急管理体系等方面的发展还不平衡、不充分，凸显出

"全面健康"的卫生健康保障体系的极端重要性，没有全民健康就没有全面小康，没有健康权就没有生存权，更谈不上发展权了。

医疗保障体系是非常复杂的系统，不仅仅是筹资的问题，要依靠三个系统的协调运作，即医疗费用筹措系统（解决有钱看病的问题）、医疗服务提供系统（解决有钱能看好病的问题）、药品供应系统（解决有药能治好病的问题），三者缺一不可。

以公立医院改革为重点系统推进医疗管理体制改革。中国的医疗改革要走"广覆盖、低成本、可持续"的道路，就必须以较低的成本、可靠的质量满足国民的基本医疗需求。其中，公立医院改革是重中之重，直接决定了改革的成败。公立医院改革关键是要坚持医院的公益性，让医院失去不合理增加医疗费用支出的动力，转而把关注点放在控制成本和提高服务质量上。而要实现医院、医生激励机制的转变，光靠职业道德教育是不够的，需要建立长效的激励制度，保证好医生有好待遇。让医生的收入阳光化，能够反映出医生的价值，同时加强监管，对违规行为严格查处。同时，调整医疗资源布局，加大对基层医疗机构和农村医疗机构的投入，建立不同级别医疗机构间的双向转诊。

在筹资机制上，在参保率达到95%以上的基础上要探索解决重大疾病的资金保障机制，切实降低患有重大疾病的参保人个人支付比例，避免出现因病致贫、因病返贫、有病不敢看、有病看不清的问题。特别要整合社会救助资金、社会保险资金和慈善基金，加大对困难群体、弱势群体的保障。

在药品供应机制上，国家应该有产业政策的引导，鼓励优势医药企业兼并重组，走整合发展的道路，提高产业集中度，结束"小、散、弱、乱"的产业格局。建立国家基本药物制度，对廉价、高效、可靠的常用药通过政府集中采购降低成本，保证基本用药需要。基本药物制度由政府主导，同时尽量利用市场机制，以竞争的方式来定点生产，并不是政府指定谁生产，而是由大家来竞争，看谁更有资格生产。在流通和使用领域，也尽可能地利用市场机制，保证各方利益能够兼容，而不是简单地回归到过去的计划经济体系中。

总之，十九大以来党和政府坚持以人民为中心的发展思想，高度重视增进社会公平正义，促进全民共建共享。在技术飞速创新、社会加速发展、人民对美好生活有更多更高要求的今天，民生事业发展必须加快补齐短板，通过发展来适应时代的新挑战新要求，善于在逐步扩大试点的基础上不断总结经验，以动态的、富有灵活性和适应性的民生建设来满足人民对美好生活的期望与要求。

（执笔人：李蕾教授）

经济体制改革是全面深化改革的重点，近两年的中央经济工作会议中，经济体制改革都被作为年度专项任务进行部署，显示着不同寻常的改革意蕴。

历史和实践经验告诉我们，经济体制改革需要找准"突破口"，利用好"窗口期"。当前经济体制改革的关键是国资国企改革，要以国资国企改革为抓手，让要素活力竞相迸发，促进经济稳健发展。

第八章

深化经济体制改革

　　全面深化改革尤其是经济体制改革，是党的十八届三中全会以来经济工作的重心。事关社会主义市场经济运行的"四梁八柱"体制架构，在近年来的经济体制各领域改革中已基本确立，但经济体制改革依然需要重点抓住关键领域，系统协调推进。在 2019 年 12 月召开的中央经济工作会议上，经济体制改革被作为年度专项任务进行部署，显示着不同寻常的改革意蕴。越是到经济体制改革的关键期，越需要厘清改革的主线索；越是在经济遇到冲击的时刻，越需要从改革寻找动力。李克强总理在 2020 年的《政府工作报告》中提出，困难挑战越大，越要深化改革，破除体制机制障碍。回溯地看，过去安排经济体制改革各领域的具体任务，并没有特别以年度任务的形式提出，而近两年的中央经济工作会议中，都专项安排部署了经济体制改革任务①。为此，有必要探寻经济体制改革背后的逻辑，准确把握当下深化经济体制改革的突破口、切入点和着力点，特别是当下在统筹推进疫情防控和经济社会发展工作的新任务下，需要通过深化改革为经济社会稳定发展提供核心动力。

一、中国经济体制改革的基本经验

从我国改革开放的历史来看，经济体制改革的成功推进，需要"审时度势"，既要找准不同时期改革的"突破口"，也要把握住改革的"窗口期"。否则，再好的改革思路和举措，都可能是空中楼阁，实施起来不是难以落地，就是举步维艰。中国经济体制改革史上的经验和教训，是不容忽视的。当下推进经济体制改革，依然要找准"突破口"，把握"窗口期"。

（一）经济体制改革需要有效的"突破口"

推动经济体制改革，需要找准有效的"突破口"。哪个领域能够撬动全盘改革，是受制度条件约束的。有据可查，以国有企业放权让利为基本特征的第一轮国企改革，其实是早于农村家庭联产承包责任制改革的。1978 年 7 月 6 日至 9 月 9 日，国务院召开长达 63 天

---

① 2018 年底召开的中央经济工作会议，把"加快经济体制改革"列为 2019 年经济工作的重点工作任务；2019 年底召开的中央经济工作会议，把"深化经济体制改革"列为 2020 年经济工作的重点任务。

的务虚会，就对国有工业企业改革方向进行了重点讨论，在城市工业当中提出了"一定要保障工业企业的必要的独立地位，适当扩大它们的经济自主权"。然而，众所周知，城市国有工业体系显然不是中国经济体制改革大规模启动的"星星之火"。事实上，是农村撬动了经济体制改革，成为其他领域改革的"突破口"。当年各领域探索改革时，最初都难以绕开"承包"的想法。国企承包如是，财政包干亦如此。"包打天下"的改革经验，要归功于农村产权制度改革。经济体制改革重心开始由农村转向城市，一直到 1984 年才得以确立。①

值得思考的是，为什么先于农村产权制度改革的国有企业自主权调整，在当时没有成为经济体制改革的引领，而非要等到特定的条件成熟才大规模重启？以今天的眼光看，1978 年就以扩大企业自主权试点为突破口，给国有企业更多自主决策权，无疑是朝着"市场化"的正确方向前进。但在计划经济体制下，市场的大门并没有向其他企业形式和组织敞开，国有企业仍然坚守"一亩三分地"，并没有竞争者有能力与之抗衡。这时给企业下放更多自主权，经营者反而可以通过这套计划体制获利。随着农村改革逐步推进，特别是乡镇企业发展如火如荼，在商品生产上开始对国有企业生产形成竞争关系，原来全盘国有的企业组织受到冲击，才有了迫切需要改革的强大内在压力和动力。

中国经济体制改革之所以能顺利推进，正是顺应了"家庭联产承包责任制"改革，承认了来自于农村实践"自下而上"的"农民的发

---

① 1984 年 10 月，中共十二届三中全会作出的《关于经济体制改革的决定》，是改革转向的重要标志。

明"①，并以此为重要的改革"突破口"；倘若选择城市工业体系作为改革起点，"自上而下"推动改革，要对冲体制性难题，恐怕要付出更多的改革成本。如此看来，能否抓住改革的"突破口"，关系经济体制改革成败。

（二）经济体制改革要准确把握"窗口期"

成功推动经济体制改革，仅有改革"突破口"尚不足，还依赖于经济发展的宏观条件，需要利用好甚至创造出一个适宜推进改革落地的"窗口期"。从改革的经验看，价格体制改革"二次闯关"，就是找准了改革"突破口"并"审时度势"的结果。价格体制改革的重要性毋庸置疑，它是经济体制改革最为关键的内容之一。所有产品官方定价，价格引导不了生产，整个市场体系对供应缺口不敏感。20 世纪 80 年代中期启动价格双轨制之后，生产体系的灵活性问题虽有所缓解，但同时也衍生出了产品体制内外的高额价差，引诱着大批"官倒"出现。自此之后，确立一个由价格引导资源配置的新机制，这个改革方向不仅在学界形成了基本共识，也得到中央高层的认可。虽然在当时推动价格改革存在一系列难题，但邓小平说，"物价改革非搞不可，要迎着风险、迎着困难上"。②

关键的问题是，应该在什么时候启动价格体制改革？ 1988 年

① 邓小平说："农村搞家庭联产承包，这个发明权是农民的。农村改革中的好多东西，都是基层创造出来，我们把它拿来加工提高作为全国的指导。"参见《邓小平文选》第 3 卷，人民出版社 1993 年版。
② 1988 年 5 月 19 日，邓小平在会见朝鲜政府军事代表团时的讲话谈到了他关于物价改革的看法。

8月，我国开启了第一次"价格闯关"，当时价格改革的思路是"长痛不如短痛"，主张改革要"一步到位"。在这个改革思路下，1988年8月15日至17日，中共中央政治局第十次全体会议在北戴河召开，讨论并原则通过《关于价格、工资改革的初步方案》。但消息一经传开，大家担心未来物价会更高，纷纷抢购各类商品，出现了改革开放以后最严重的一次抢购潮。同年8月30日国务院发出《关于做好当前物价工作和稳定市场的紧急通知》，10月24日国务院又作出《关于加强物价管理严格控制物价上涨的决定》。实际上，这两个文件相当于宣告了第一次价格闯关并未成功。

这里的疑问是，为什么已经具有高度共识的改革方案，真正落地也会如此困难？回望改革之路不难发现，方向对但时机错，改革还是不易推动。在"低通胀条件"和"高通胀条件"下，放开价格管制的效果，有着天壤之别。事实是，1988年上半年，也就是启动第一次价格闯关之前，当时的宏观经济就已经表现出"高通胀"特征。1988年7月，官方公布的物价上涨幅度高达19.3%，这是改革开放以来的最高单月物价上涨纪录。在这样的条件下启动价格改革，困难可想而知。正因为如此，有学者认为，价格改革闯关受挫的根本原因，是选择通货膨胀最严重的年份进行难度最大的改革。①

改革虽然遇阻，但价格改革的方向既定，重启价格闯关，就需要一个能够消化改革成本的宏观环境，为改革创造一个适宜推动的"窗口期"。1998年9月召开的中共十三届三中全会，正式通过了"治理

① 华南：《1988年："价格闯关"的阵痛》，《中华儿女》2008年第6期。

经济环境，整顿经济秩序，全面深化改革"的方针，主要思路是控物价、控货币、控投资。至 1992 年开启第二次价格闯关的时候，我国经济增长速度进入一个不会存在过热风险的增长区间。1990 年的 GDP 增长率只有 3.9%，而且经过三年经济治理整顿，对价格改革来说最关键的反应通货膨胀率的指标 CPI，已经从 1989 年的 18%，下降到 1990 年的 3.1%，1991 年保持了 3.4%，在当时看起来仍属比较温和的物价增长，这为价格再次闯关提供了一个比较宽松的经济环境，打开了一个关键的改革"窗口期"。1992 年的价格顺利闯关，是水到渠成的事情。这项改革经历，表明经济体制改革，必须准确把握住改革的黄金"窗口期"。

二、找准经济体制改革的"突破口"和"窗口期"

前述改革经历充分表明，在正确的时间阶段推动恰当的改革举措，才能保证经济体制改革顺利进行。在经济体制改革进入深水区的当下，深化经济体制改革，已被中央作为 2020 年经济工作的六项重点任务之一进行部署。不可否认的是，在党中央的集中统一领导的体制优势下，改革定会"乘风破浪"一往直前。但从哪里入手能够更快地推动改革，依然是值得深思的问题。这里，首先简要回顾党的十八大以来经济体制改革的"突破口"，然后针对当前宏观经济的"窗口期"，探讨哪个领域可能成为深化经济体制改革的重要引擎。

（一）党的十八大以来经济体制改革的"突破口"

今天的经济体制改革，已经是思想解放条件下的改革，是对市场体系有更清晰认识条件下的改革，因而改革的共识多、方向清、争议少。关于经济体制改革目标，自党的十八大之后已逐步形成共识。经济体制改革的主逻辑，仍然是处理好市场和政府关系问题，让市场在资源配置中起决定性作用，更好发挥政府作用。近三年来，经济体制改革的路径和重点，2017 年召开的党的十九大对此已经予以明确。党的十九大报告明确提出，经济体制改革必须以完善产权制度和要素市场化配置为重点。沿着深化经济体制改革的大方向和改革的重点部署，结合近几年经济体制改革的系列举措，可以更准确认识推进经济体制改革的路线。从可观察到的事实来看，经济体制改革还是重点抓了几个有利于改革整体推进的"突破口"，并取得了显著的改革成效：

第一，以放松市场准入限制为"突破口"，增强市场主体活力。企业是市场活动的微观载体，为企业创设提供更有支撑性的政策支持，最关键的就是进一步放松市场准入限制。近年来，中央在各领域都大力推进了"降门槛"式的制度改革，既有取消和下放行政许可的政策体系，又有"证照分离"等具体改革办法，着实为各类企业进入市场"松绑"。数据显示：2018 年新增市场主体 2149.58 万户，平均每天新增企业 1.83 万户。[1]而 2019 年，全国新设市场主体 2179 万户，日均新设企业达到 2 万户[2]，再创新高，市场活力进一步增强。针对外

---

[1] 《营商环境持续优化市场主体更具活力》，《光明日报》2019 年 2 月 7 日。

[2] 《今年全国新设市场主体 2179 万户日均新设企业达到 2 万户，再创新高》，《人民日报海外版》2019 年 12 月 28 日。

资企业的市场准入更是大范围放宽准入限制。2019 年 6 月,商务部发布了《外商投资准入特别管理措施(负面清单)(2019 年版)》《自由贸易试验区外商投资准入特别管理措施(负面清单)(2019 年版)》和《鼓励外商投资产业目录(2019 年版)》,取消了许多领域对外资的各类限制。传统的开放"洼地"——服务业——也成为新时期扩大对外开放的重要领域。

第二,以降低制度交易成本为"突破口",增强企业竞争能力。放宽市场准入,只是客观上允许企业对市场作出迅速反应。但企业要真正愿意参与市场活动,利用市场机制的制度性交易性成本还要足够低。企业需要与政府部门打交道的时间是否足够长?开办和经营企业所要支付的制度性成本是否足够高?如此等等,都是这几年营商环境改善的重要内容。减税降费是为企业减负,优化营商环境同样是为企业减负。在这方面,改革的效果尤为显著。世界银行发布的《营商环境报告》中,"办理施工许可"是最有代表性的制度性交易成本的度量。在 2017 年时,中国获得施工许可的难度,在全球 190 个经济体中排名 177 位,建设一个标准仓库平均需要 22 道手续、244.3 天,成本占到仓库价值的 7%。在《2019 年营商环境报告》中,中国的这个指标排名上升至 121 位。2019 年 10 月发布的《2020 年营商环境报告》中,这个指标排名已大幅提升至 33 名。①

第三,以规范市场竞争秩序为"突破口",营造公平竞争环境。塑造公平竞争的市场环境,才能从制度上为增强微观主体活力提供保障。2016 年 6 月,国务院印发了《关于在市场体系建设中建立公平

---

① 世界银行:《2020 年营商环境报告》,2019 年 10 月 24 日,见 https://openknowledge.worldbank.org/bitstream/handle/10986/32436/9781464814402.pdf。

竞争审查制度的意见》，各地在保护公平竞争方面，已经开展了实质性的行动。重点清理了有违平等保护各种所有制经济主体财产所有权、使用权、经营权、收益权等各类产权的规定，清理了不当限制企业生产经营、企业和居民不动产交易等民事主体财产权利行使的规定，清理了在市场准入、生产要素使用、财税金融投资价格等政策方面区别性、歧视性对待不同所有制经济主体的规定。2019 年的《政府工作报告》曾明确提出，改革完善公平竞争审查和公正监管制度，加快清理妨碍统一市场和公平竞争的各种规定和做法。2019 年 12 月市场监管总局等四部门联合印发了《关于开展妨碍统一市场和公平竞争的政策措施清理工作的通知》，聚焦县级以上地方各级人民政府及其所属部门和国务院部门在 2019 年 12 月 31 日前制定的规章、规范性文件和其他政策措施，重点清理妨碍统一市场和公平竞争的各种规定和做法。可以说，公平竞争审查制度至此已经在全国基本建立，在国家、省、市、县四级政府也基本实现了全覆盖。

上述各方面的扎实改革，是一个完善的市场体系最为基础的制度结构。这些领域的改革推进，已经为下一步建设高标准市场体系奠定了坚实的基础。

（二）国资国企改革是当下经济体制改革的关键

要进一步思考的是，在市场基础性制度逐步完善的条件下，建设更高标准的市场体系，当前的主要薄弱环节在哪里，需要在哪些领域进行重点突破？当前经济运行的基本格局和市场对改革的期望诉求，又能否为改革提供"窗口期"？从理论和实践双重角度观察，国资国企改革是撬动当下经济体制改革的关键所在。

1. 制约经济体制改革的薄弱环节与突破口

当前，高标准市场体系建设是撬动经济体制改革的载体。市场机制的基本功能是引导资源配置，建设统一开放、竞争有序的市场体系，是使市场在资源配置中起决定性作用的基础。党的十八届三中全会就已经提出现代市场体系的主要特征：企业自主经营、公平竞争，消费者自由选择、自主消费，商品和要素自由流动、平等交换，同时还要求着力清除市场壁垒，提高资源配置效率和公平性。

对照地看这些要求，就容易准确识别当前市场体系建设的薄弱环节。经过 40 多年的改革开放，非国有企业和消费者的自由选择范围已经大大扩容，商品自由流动已经不存在系统性障碍，党的十九大报告又将要素市场化配置作为经济体制改革的两个重点之一，要素流动及其定价的体制性障碍也不断减少。市场的进入和退出壁垒也不断地降低。

与此同时，我们也不难发现市场体系建设还存在一些长期难以解决的问题：第一，国有企业的自主决策权虽然较之以往有了更大的扩展，特别是随着本轮国企改革而推进的国资委职能转换，国有企业享有了更多自主决策权。这同时也带来一个新问题，新时期的国有企业如何突破"束缚"，更好地对接竞争性的市场机制？第二，关于市场竞争的公平性问题。长期以来，不同所有制类型的企业，在市场竞争中的成本结构存在体制性的差异。外资享受的超国民待遇、在国有银行为主的金融体系下国有企业拥有融资优势、民营企业在弱社会性监管下因逃避监管带来的成本优势，等等。这些问题共同指向公平竞争的市场环境建设。

解决上述问题无疑需要多领域改革的推进，但哪项改革可以更好地引领和深化经济体制改革？以国资国企改革撬动经济体制改革，可以说正当其时。

2. 宏观条件支撑与国资国企改革内在诉求

把国资国企改革作为当下经济体制改革的"突破口"，一方面在于宏观经济环境有利于推动改革，另一方面也是国有企业提升市场竞争力的内在需要。

国有企业赢利水平处于历史最好时期，有主动提升市场竞争力的诉求。纵观国有企业的改革历程，从改革开放之初的放权让利和承包制，到20世纪90年代的抓大放小，再到国企脱困改革①以及为解决"九龙治水"而成立国有资产监督管理委员会（以下简称国资委），历次国企改革似乎都是企业经营甚至生存压力倒逼而来。亏损的国企要改革，容易形成共识。但这一轮国资国企改革，有着不同的改革逻辑。本轮国有企业改革，国有企业赢利水平处于历史最好时期。新一轮国企改革大幕的拉开，以中共中央、国务院公布《关于深化国有企业改革的指导意见》为始。而资料显示，在这之前的2003年至2011年，国有企业营业收入年均增长17.6%，利润年均增长22.9%，其中，中央企业收入和利润年均增长分别为20.1%、19.4%。②2012年至2015年，中央企业的营业收入与利润水平，增速虽有所回落，但从绝对值来看都处于历史最高水平。与此同时，随着市场化改革的推进，特别是市场进入壁垒不断降低，国有企业

---

① 如1998年，亏损的国企占比高达2/3以上，所有国有企业利润只有213.7亿元。
② 李予阳：《国企改革爬坡过坎闯大关》，《经济日报》2016年1月16日。

面临的竞争环境越来越激烈，通过国企改革提升企业市场竞争力，是有着内在诉求的。

当下，进一步深化国有企业改革，有坚实的物质基础和内在诉求。在央企层面，2018 年，中央企业实现营业收入已经高达 29.1 万亿元，实现利润总额 1.7 万亿元，收入、利润均创历年最好水平。[①]深化国企国资改革，具备现实条件和内在诉求。

另外，从我国的经济治理体系和治理结构来看，国有企业还有着其他经济制度不可比拟的作用。国有企业是应对外部冲击和稳定市场运行的重要砝码，特别是经济遇到巨大外部冲击时，国有企业是平滑经济波动最有效的资源配置载体。2020 年初，新冠肺炎疫情暴发和蔓延，在疫情防控、物资保障等方方面面，国有企业履行政治责任、经济责任和社会责任，彰显了我国经济制度和经济治理体系的优越性。更好地发挥国有企业这种特殊作用，也构成了当前国资国企改革的一个重要的目标导向。

三、国资国企改革如何布新局

前几轮国有企业改革，已经形成了相对完善的国有企业和国有资产监督管理体系。但是在新形势下，国资国企改革仍面临许多需要解决的突出问题，主要表现在以下几个方面。

[①]　人民网：《2018 年中央企业实现营业收入 29.1 万亿元　创历年最好水平》，2019 年 1 月 16 日，见 http://ccnews.people.com.cn/n1/2019/0116/c141677-30545041.html。

（一）国有企业战略性布局亟待调整

逻辑上看，并不存在一个最优的国有企业结构布局。衡量国有企业结构布局是否合理，必须放到具体的宏观环境中才能评判。国际金融危机后，国有企业在传统的钢铁、煤炭等行业，依然占据着重要位置。许多国有企业处于产能过剩行业，或者在产业链的中低端位置运营，使得大量国有企业难以进行资产调整。以中央企业的制造业为例，数据显示，制造业占用中央企业国有资本规模最大，从业人数最多，2012 年至 2014 年年均国有资本收益率仅为 3.9%，且呈逐年下降态势。[1] 截至 2014 年年底，在国家发改委认定为产能严重过剩行业的上市公司中，国有资本比重高达 90%。[2]

在战略性新兴领域，加快国有资本布局已经迫在眉睫。国有资本布局面临的突出难题在于：第一，在传统领域的存量国有资产退出，由于诸多历史原因以及涉及员工的离岗、转岗调整，退出成本非常高昂。剥离国有企业传统上的办社会职能，解决这些历史遗留问题，需要大量资金支持。近年来正在推进的"三供一业"分离移交基本完成，职工安置也基本到位。存量资产的结构性调整出现了重大变化。第二，增量资产的结构性调整，方向十分明确，战略性新兴产业和国计民生重大行业是国有资本布局的重点，但从操作层面看，由于国有资本投资方向存在大量规制，使得增量资本布局难以快速调整。当前国有企业改革的一个重要方向——利用国有资本投资运营公司，加快增量国有资本布局结构性调整，已经成为重要

---

[1] 李予阳：《国企改革爬坡过坎闯大关》，《经济日报》2016 年 1 月 16 日。

[2] 袁东明：《中国国有资本布局亟待再调整》，《中国经济时报》2016 年 9 月 1 日。

的路径选择。

（二）国有企业市场化经营机制引入

非国有部门在新兴科技领域快速成长，相比之下，传统管理模式下的国有企业对接快速变化的市场，存在明显的滞后性和灵活性，如何通过改革灵活引入更加市场化的非国有资本，是值得从战略上进行考量的。

在传统的重工业和资源领域，国有企业的组织模式无疑是具有规模优势的。在发展的追赶阶段，利用国有企业组织资源，容易快速形成优势。但是在过去的十年中，以互联网、大数据、人工智能、云计算等新兴技术为主的新产业快速崛起，使得中国过去十年经历了翻天覆地的产业变革，国有企业的传统组织模式遇到了不小障碍。仔细观察不难发现，在这些新兴领域，绝大多数都是非国有企业或非国有资本引领经济发展潮流。在互联网企业快速发展的时期，国内资本市场制度难以为这类企业提供有效的融资渠道，互联网巨头纷纷到境外资本市场上市。

这种特殊情形，构成了一幅波澜壮阔但又存在强烈反差的画面：一面是大量的国有企业处于历史最好赢利水平，另一面是新兴市场巨额资金需求得不到满足。为什么大量的国有资本难以进入新兴市场领域，如何解决这个难题？事实上，国有企业和国有资本也不断地在尝试着进入这些新兴领域，但是囿于资产投资方向管控、业务活动审批繁杂等原因，许多项目并没有取得预期效果。国有企业和国有资本，要想乘上互联网发展的快车，在互联网相关的经济领域占领一定市场份额，不仅需要投入巨量资金，更重要的是还需要承担巨大风险。在这种约束下，把非国有资本尤其是其对应的经营管理模式、对市场前景判断等，引入传统的国有企业体制，与国有资本更好地结合，健全市场化经营机制，提高核心竞争力，是摆在国资国企改革面前最重要的事情。

（三）国有资本监管需要新职能定位

在国资委成立之前，企业的人事、生产以及经营决策，分散在中央政府、地方政府以及各业务和职能主管部门。比如，在当时，驻地方的中央企业人事安排，"一把手""二把手""三把手到七把手"，可能分别由不同的管理部门任命，企业的管理层分别要对不同的部门负责，决策效率非常低。2003 年成立的国资委，解决了"九龙治水"难题，分散在中央各部门的国有资产管理职能被整合起来，形成"管资产、管人、管事"相结合的统一机构。

但是，由于国资委管辖的资产规模太大[1]、政府与企业股份资本管理没有分开、资产管理缺乏市场化经营手段、政府规制不到位等问题[2]，国资委"管资产、管人、管事"的制度安排，仍然限制着国有企业对新的市场机遇做出快速反应。这并不是说国资委在具体工作上有失误，而是在当时的体制约束以及对国资委的功能定位下，它必须

---

[1] 至 2015 年《关于深化国有企业改革的指导意见》发布时，国资委掌管着 112 家中央企业，资产规模达到近 40 万亿。如此大规模的资产运营，迫切需要分散化的投资决策安排。

[2] 关于国资委体制性问题的详细讨论，可参见荣兆梓：《国有企业改革：成就与问题》，《经济学家》2012 年第 4 期。

理性地选择这么做。更好地让国资委服务于国有企业经营和国有资本保值增值，必须从体制上对国资委进行重新定位。

当前，国有资本监管虽然实现了初步转型，从管资产向管资本转换。但是，仍面临新的职能调整压力，特别是经营性国有资本的管理还未统一，国资监管的机构与职能边界还需要进一步厘清。逐步统一监管地方经营性国有资本，渐进融合国家、省级、地方国资监管系统，构建国资监管新格局，形成国资监管"全国一盘棋"的局面，已经成为重要的改革趋势。

四、以国资国企改革助推经济体制改革

综上来看，国有企业战略布局、国有企业经营机制以及国有资本监管体制，是国资国企改革的焦点，更加适应市场化需要则是改革的基本航向。加快推动这些领域的改革，是确保本轮改革成功的关键。事实上，早在五年前发布的《关于深化国有企业改革的指导意见》，就对 2020 年国有企业改革重要领域和关键环节进行了有计划的部署。以国资国企改革助推经济体制改革的政策体系，也正是沿着这些重要领域和关键环节不断展开和持续深化的。

（一）坚持党的领导，结合国家战略优化国有经济布局

习近平总书记强调，坚持党的领导、加强党的建设，是我国国有企业的光荣传统，是国有企业的"根"和"魂"，是我国国有企业的

独特优势。① 坚持党对国有企业的领导，是深化国企改革必须坚守的政治方向。面对新经济形势，国有经济战略布局必须做出调整，需要发挥国有企业党组织的领导核心和政治核心作用，把方向、管大局、保落实，使国有企业成为实现国家发展战略、稳定经济运行的重要力量。2020 年 1 月，中共中央印发的《中国共产党国有企业基层组织工作条例（试行）》，进一步明确了国有企业党委（党组）的领导作用。具体到国有经济布局来说，国有企业的资产调整，需要对接党和国家经济方针及战略部署，企业战略也需要体现出国家和社会发展的要求。对此，在 2019 年 7 月中共中央办公厅、国务院办公厅印发的《党政主要领导干部和国有企事业单位主要领导人员经济责任审计规定》中，非常明确地将"贯彻执行党和国家经济方针政策、决策部署情况"作为国有企业主要领导人员经济责任审计的首要内容。

国有企业战略布局结构性调整，首先需要进一步放宽市场准入。近年来，国有资本在一些重要行业中的比重大幅下降，如钢铁行业，1999 年国企收入占行业规模以上企业收入的比重为 76.2%，到 2014 年时这一比例就已经下降到 31.3%。但在具有垄断地位的行业中仍保持着极高的控制力。如在煤炭开采、石油天然气开采、烟草制品、石油加工、供电供水等工业领域及电信、民航、铁路、港口等服务业，国有资本仍保持着极高的控制力。目前，电信、民航、石油、电力及部分市政公用事业改革虽已启动，但只是实现了政企分离、形成或初步形成了国企之间的相对竞争、初步建立了行业监管框架，在放宽市场准入、允许更多国有与非国有企业参与竞争等方面，改革仍不

---

① 《习近平总书记在全国国有企业党的建设工作会议上的重要讲话》，2016 年 10 月 11 日，见 http://www.xinhuanet.com//politics/2016-10/11/c_1119697415.htm。

到位。

　　国有企业战略布局结构性调整，还要在关键领域做好增量资产的"进"。对于关系国家安全和国民经济命脉的重要行业和关键领域，国有资本要继续集中。同时，国有企业要主动对接重大国家战略，成为实施"走出去"战略、"一带一路"建设等重大战略的重要力量。对国有企业来说，要加强与周边国家及新兴市场国家投资合作，建设境外生产基地，推动优质产能向境外转移。积极承揽重大基础设施和大型工业、能源、矿产资源开发等项目，参与境外合作园区建设，带动技术、装备、产品、标准和服务等出口。

　　国有企业战略布局结构性调整，也要对存量资产的"退"进行顶层设计，建立一套可以保障国有资本能进能退的市场化动态调整机制。国有资本从一般竞争性领域退出，做到布局"少而精"，已是共识。但在实践中可以看到，无论是国资监管机构，还是竞争性国企本身，在资产退出领域，遇到系统性"资产定价"难题。由于市场对已经形成资产的估值存在不同评价，处理存量资产成为国有企业最难决策的问题。2018年7月，国务院印发的《关于推进国有资本投资、运营公司改革试点的实施意见》中，就赋予了国有资本投资公司以及国有资本运营公司以股权灵活、有序进退的职责。

　　加快推进国有资本重组整合，也是国有经济布局优化的有效路径和重要渠道。积极推动国有企业通过控股、参股、并购、联合等多种形式开展横向和纵向兼并重组，积极进行产业板块调整、推进行业整合，提高重点产业集中度，实现集约化发展、集团化经营。采取市场并购、交叉持股、资产整合等方式，消除企业间同质化无序竞争，集中资源发展主业。引导企业整合内部资源，优化业务结构，完善产业

链条，提高产业集中度，提高资源配置效率。鼓励国有企业之间以及
其他所有制企业以资本为纽带，强强联合、优势互补，加快培育具有
世界一流水平的跨国公司。

（二）沿着市场化方向，积极发展混合所有制经济

加大国有企业混合所有制改革力度，从股权结构改革向治理体系
改革积极转变，重点是要以"混"促"改"，为非国有资本进入和退
出国有企业消除制度性约束。同时，在竞争性国有企业中，推动国有
经营性资产证券化，为国有资产合理定价和保值增值提供坚实的市场
化基础。

党的十九大报告中明确指出，要深化国有企业改革，发展混合所
有制经济，培育具有全球竞争力的世界一流企业。当下推进的混合所
有制改革，是沿着市场化方向推进的改革。只有国有企业和其他所有
制经济共同发展壮大，其他所有制经济才有能力、有兴趣参与国有企
业混合所有制改革。其他所有制经济参与，并非共同分享行政垄断收
益，而是在打破行政垄断的基础上，让非国有资本的进入优化完善国
有企业法人治理结构，最终促进国有资本放大功能，保值增值，提高
市场竞争力，促使各种所有制资本取长补短、相互促进、共同发展。

混合所有制改革的顺利推进，有赖于企业股权多元化改革的制度
设计。按照国务院国资委和地方国资委的要求，需要分类、分层推进
国有企业股权多元化改革[①]：一是分类推进国企混改。稳妥推进主业

---

① 《国务院关于国有企业发展混合所有制经济的意见》，2015 年 9 月 24 日，见 http://
www.gov.cn/zhengce/content/2015-09/24/content_10177.htm。

处于充分竞争行业和领域的商业类国有企业混合所有制改革；有效探索主业处于重要行业和关键领域的商业类国有企业混合所有制改革；引导公益类国有企业规范开展混合所有制改革。二是分层推进国企混改。探索在集团公司层面推进混合所有制改革，在非国家有明确规定的特定领域，鼓励通过整体上市、并购重组、发行可转债等方式，形成股权结构多元、股东行为规范、内部约束有效、运行高效灵活的经营机制；引导在子公司层面有序推进混合所有制改革，对国有企业集团公司二级及以下企业，以研发创新、生产服务等实体企业为重点，引入非国有资本，合理限定法人层级，有效压缩管理层级，股东依法按出资比例和公司章程行权履职。

从混合所有制的实现来看，不同类别的企业，可以通过面向社会重点引进不同的非国有的外部战略投资者。以产权所有制改革为纽带推动企业的混改工作，通过增资扩股、交叉换股、股权转让、收购兼并、吸收合并、新设企业、海外并购、投融资合作、离岸金融等方式来推动一体化链条上各个不同资本关联并实现相互持股；也可以鼓励国有企业通过投资入股、联合投资、重组等多种方式，与非国有企业进行股权融合、战略合作、资源整合。要通过引进战略投资者，吸纳员工持股，特别是骨干员工的持股，推动混合所有制改革，让企业真正激发出内生的发展动力。

（三）完善现代企业制度，转换国有企业经营体制机制

完善现代企业制度，首要的是明晰国有企业的产权制度安排。以国资委为代表的国有企业和国有资本，从产权结构上来看，并不是真

正的国有资产所有者，只是被政府授权的国有资产代理者，其自身行为仍然存在一种委托代理关系。正是因为国有企业所有者主体缺位，以及层层委托代理关系的存在，国有企业的实际经营者往往可能偏离上一层级委托者的目标。中国特色现代国有企业制度，进一步明晰了产权所有者代表是公司董事会，而党组织又在公司法人治理结构中具有法定地位。把党的领导融入公司治理结构中，由于其代表人民利益而非个人利益，可以有效解决委托代理问题，保证产权所有者维护自己的权益。通过党组织和董事会选任经营层，确保经营层维护产权所有者的权益，从而确保企业经营效益不断提高。2019 年 4 月，国务院印发的《改革国有资本授权经营体制方案》，依法确立国有企业的市场主体地位，明确了加快调整优化出资人代表机构职能和履职方式。

公司制股份制，已经成为国有企业的重要组织形式。直接管理企业的方式已经不适应国有企业组织形式的深刻变革，必须按照公司治理规则，以管资本为主明确国有资产监管机构职责定位，保护公司制企业法人财产权，保障国有企业作为独立市场主体依法自主经营、自负盈亏、自担风险、自我约束、自我发展。随着以股份制改造为重点深化国有企业改革步伐的加快，以体制改革和机制创新为突破口，转换国有企业经营体制机制，加快健全现代企业制度建设，成为推进深化企业改革的内在保障。按照公司法要求建立完善的法人治理结构，建立真正意义上的董事会、监事会、经理层制度，使得决策、监督、执行有效运行。尊重董事会作为投资者的决策权和自主选择经营管理人员的权利。按照责权利对等的原则，经理层排除干扰，放开手脚，专心致志的进行生产经营工作。监事会进行事前事中事后监督，保证董事会决策的有效执行，保证经理层的合法合规执行，保证出资人权利。

（四）围绕管资本，推动国资监管和授权经营模式转型

党的十九大明确提出，要完善各类国有资产管理体制，改革国有资本授权经营体制。按照以管资本为主加强国资监管要求，完善以管资本为主的制度体系，推动国资监管和授权经营模式转型，成为重要的工作内容。

一方面，要重新界定国资委的职能。早在 2017 年 4 月，国务院办公厅转发了《国务院国资委以管资本为主推进职能转变方案》，对国资委的职能转变进行了明确。在实际工作中，要进一步界定国有资产出资人监管的边界，将该放权、授权董事会的权利放到位、授到位，将依法由企业自主经营的事项归位于企业，将延伸到子企业的管理事项原则上归位于一级企业，进一步强化国有企业的市场主体地位。完善国资委监管权力和责任清单制度，逐步统一国有资产出资人，推动监管机构和职能转变，厘清监管机构和企业管理边界，向新时代的国有企业进一步"放权"。

另一方面，要改革国有资本授权经营机制。对此，2018 年 7 月，国务院印发的《关于推进国有资本投资、运营公司改革试点的实施意见》，明确了"通过改组组建国有资本投资、运营公司，构建国有资本投资、运营主体，改革国有资本授权经营体制"这一工作思路。2019 年 4 月，国务院印发《改革国有资本授权经营体制方案》，重点是要发挥国有资本投资运营公司作用，通过资本运营建立国有资本有进有退合理流动的机制，优化内部业务结构，剥离低效无效资产，有

效解决主责主业不突出、竞争力不强等问题。规范国有资本投资运营公司对出资企业的管理，国有资本投资运营公司不直接从事任何生产经营活动，不干预出资企业日常经营活动，仅以出资额为限对出资企业行使出资人权利。

2020 年，对国企改革来说将是非常关键的一年。2020 年《政府工作报告》明确提出要实施国企改革三年行动。时下，《国企改革三年行动方案》即将落地实施，国资国企改革也将按照既定的改革路线持续深化，为建设高标准市场体系奠定微观体制基础。

（执笔人：杨振副教授）

宏观政策重在逆周期调节，逆周期调节成功与否，取决于对"时"与"势"的判断。科学稳健把握宏观政策逆周期调节力度，是我们在经济工作中形成的重要认识。

　　面对新冠肺炎疫情这一"黑天鹅"事件，我们要把握好宏观政策的节奏和力度，财政政策更积极有为，货币政策更灵活适度，锚定短期稳增长、中长期调结构的目标，精准发力推动经济稳中有进。

第九章

科学稳健把握宏观政策逆周期调节力度

新冠肺炎疫情给我国经济社会发展带来了前所未有的冲击，国内外疫情防控和经济发展形势不断发生新的变化，一方面，国内疫情虽然基本得到控制，但境外疫情呈现加速扩散蔓延态势，尤其是美国和欧洲地区受疫情影响严重，由此使得我国疫情输入压力持续增加；另一方面，各国经济发展进入停摆期，国际贸易增长遭受严重冲击，世界经济可能面临衰退。随着国际疫情的持续蔓延，世界经济下行风险加剧，习近平总书记指出："宏观政策重在逆周期调节，节奏和力度要能够对冲疫情影响，防止经济运行滑出合理区间，防止短期冲击演变成趋势性变化。"[①]2020年《政府工作报告》提出："要加大宏观政策实施力度"，并强调，"积极的财政政策要更加积极有为，稳健的货币

[①] 《在统筹推进新冠肺炎疫情防控和经济社会发展工作部署会议上的讲话》，人民出版社2020年版，第18页。

178

政策要更加灵活适度，就业优先政策要全面强化"。在疫情防控常态化背景下，加大宏观政策逆周期调节力度，有利于对冲国内外经济发展面临的各种风险挑战，为我国持续深化供给侧结构性改革营造相对稳定的宏观经济环境，对我国决胜全面建成小康社会，实现第一个百年奋斗目标至关重要。

一、宏观政策逆周期调节的理论机制与实践演进

宏观政策的逆周期调节，即宏观调控部门在科学研判宏观经济发展形势的基础上，通过完善逆周期的政策工具对宏观经济进行调控，以缓释和对冲宏观经济的周期性波动所积聚的系统性风险，实现经济稳定增长。

（一）宏观政策逆周期调节的理论机制

自改革开放以来，我国宏观调控由过去的以行政干预为主的直接调控方式逐步转变为以财政和货币政策为主的间接调控方式，极大地推动了我国经济平稳快速增长。其中，财政与货币政策作为逆周期调节主要的政策工具，在我国宏观经济调控中始终发挥着重要作用。

1. 财政政策

财政政策是国家直接干预经济、实现宏观经济目标的工具。相较于其他宏观政策，财政政策针对性更强，侧重结构调整功能。财政政

策的方向与力度是影响经济平稳增长的重要因素，从实践来看，应对复杂严峻的国内外形势引起的经济下行压力，科学把握积极的财政政策是刺激经济稳定增长的有效途径。

财政政策分为财政支出政策和财政收入政策。财政支出政策，通过影响总需求进而影响国民总收入。但同时也会带来附加影响，一是利率效应，在我国利率市场化逐步深化的背景下，利率影响已不可忽略，随着财政支出的增加，产出水平相应提高，使得货币需求大于货币供给，从而实际利率升高进而挤出投资，消费随之减少。二是政府支出增加使得物价上涨，实际货币供应量因价格上涨而减少，投机需求的货币量相应减少，利率上升，进而导致投资和消费减少。财政收入政策，通过影响总需求与总供给发挥调节作用。[①] 一方面，对企业和个人税收等政策的调节会直接影响消费者收入与储蓄，进而影响利率。另一方面，税收调节通过影响厂商主观生产积极性，进而影响生产效率，最终影响平均成本。具体而言，财政收支变化主要通过两种机制熨平宏观经济冲击。一是财政政策自动稳定机制，即财政制度内在平稳经济的运行机制能通过调整收入分配结构以实现经济社会的平稳发展。在财政收入政策中，尤其是实施累进所得税制度的税收制度，税收随着经济周期自动同方向变化，从而起到抑制经济过热或缓解经济紧缩作用。在财政支出政策中，转移支付体系随着经济波动自动影响不同群体可支配收入进而稳定消费需求。二是财政政策相机抉择机制，即政府根据经济社会状况主动采取逆周期财政工具协调经济运行。其中，生产性财政支出政策是我国财政政策逆周期调节的主要手段。

---

① 税收政策既影响总需求，又影响总供给，究竟是需求管理政策还是供给管理政策目前是供给学派还未完全解决的争议问题。

2. 货币政策

货币政策是世界各国常用的宏观经济调控方式，其影响范围广，能有效扩张或收缩总需求以解决宏观经济过热或者收缩问题，侧重总量调节功能。纵观我国宏观经济管理实践，不论是应对20世纪末亚洲金融危机及2008年全球金融危机等大冲击，抑或是平稳国内各个经济周期，货币政策都取得了良好的调控效果。

货币政策工具主要包含两部分。一是数量型货币政策工具，其侧重于直接调控，我国多通过公开市场操作、再贴现率以及调节准备金率影响货币供应量，进而影响主要经济变量。二是价格型货币政策工具，其偏向间接调控，通过价格变量传递宏观信号以影响市场预期及微观经济主体行为。具体而言，货币政策工具的传导机制主要有二：其一是信贷渠道，其包括银行贷款机制和资产负债表机制。就银行贷款机制而言，货币供应量直接影响银行贷款供应量，从而调节居民消费支出与企业投资支出，最终影响实际产出。就资产负债表机制而言，货币供应量通过调整利率影响企业资产价格，改变企业净价值及外部融资成本，从而间接影响投资需求。其二是货币渠道，即货币政策通过利率、非货币资产价格、汇率三条货币渠道影响实体经济。就利率渠道而言，在市场经济发展基本完善的前提下，央行通过调节再贴现率等基准利率，影响存贷款利率进而调控经济。虽然，目前我国形式上已经基本完成利率市场化进程，但与发达国家仍有一定差距，这也直接影响我国利率渠道的传导。就非货币资产价格渠道而言，货币政策通过影响资产价格，进而通过财富效应、托宾Q效应等影响投资与消费支出。就汇率渠道而言，根据利率平价理论，利率变化会直接影响本币汇率进而影响国家贸易收支。

作为国家宏观经济调控的两大基本政策手段，财政政策与货币政策各有侧重，加之宏观经济问题较为复杂，因此，学界对于宏观政策如何实现经济目标尚未形成较为统一的政策主张，大致可分为凯恩斯学派和货币学派两类。凯恩斯学派偏好财政政策，这为政府干预经济提供了理论基础，其认为财政政策和货币政策都可以用于调控宏观经济以避免经济周期波动，但是仅仅依靠货币政策很难实现经济目标，财政政策的"减收增支"措施才是刺激经济最直接有效的手段，故宏观经济政策调节应当以财政政策调控为主。而货币学派坚信市场的自我调节力量，其认为扩大总需求的财政政策在长期层面只会导致通货膨胀，财政政策只有与货币政策相配合才能产生持续效应，即货币政策才是真正稳定经济的因素，故宏观经济政策调节应当以货币政策调控为主。然而，诸如凯恩斯学派和货币学派在内诸多派别的分歧是市场经济条件下的产物，我国宏观调控路径和政策框架体系是基于我国国情出发长期探索的成果。因此，研究我国逆周期宏观政策既需要剖析理论机制，也需要梳理事实依据。

（二）我国宏观政策逆周期调节的实践演进

自新中国成立以来，我国经济体制由计划经济向市场经济顺利转型，宏观经济政策也在实践中不断发展和完善。伴随着经济体制的变革和经济发展阶段的发展，我国逆周期宏观政策也表现出阶段性特征，我国的逆周期宏观政策实践演进过程大体可分为四个重要阶段。

第一阶段：计划经济时期（1949—1978 年），即逆周期宏观政策的准备阶段。新中国成立后的近 30 年时间里，我国的计划经济体制奠定了政府主导型经济发展模式。在此阶段，宏观政策严格依照国家事先计划进行，缺乏一定独立性。财政政策与货币政策都从属于计划管理体制，一方面，财政政策以财政收支平衡为目标；另一方面，货币政策主要通过"综合信贷计划管理"与"现金收支计划管理"保持信贷及现金收支平衡。总体上，该阶段宏观政策呈现财政管理为主、银行信贷为辅的特点。逆周期宏观政策是市场经济特有现象，准确而言，我国的经济周期与逆周期调控都出现于改革开放后。但是，在计划经济体制下，短期价格波动、供求失衡问题同样存在，财政支出与财政收入、现金及信贷等逆周期宏观政策主要工具已经被政府有意识地作为宏观调控手段来平衡经济，从而为逆周期的调节奠定了一定基础。

第二阶段：计划与市场并存时期（1979—1991 年），即逆周期宏观政策的发展阶段。1978 年 12 月，十一届三中全会作出了把党和国家工作重点转移到社会主义现代化建设上来和实行改革开放的战略决策，我国进入了社会主义现代化建设的新时期，经济逐步由计划经济向市场经济转轨，政府宏观调控手段从直接干预向间接调控过渡。在此阶段，一方面，计划经济时期的财政收支平衡目标及信贷规模、现金发行计划仍发挥较大作用；另一方面，在财政政策上进行两步"利改税"改革，形成了以流转税、所得税为主体，其他税种相互配合的多税种、多环节、多层次征收的新税制，在货币政策上先后创立了中央银行贷款制度、存款准备金制度，改革利率体系，创设了多种间接调控工具。总体而言，逆周期宏观政策调控体系开始逐步形成并日渐清晰。

第三阶段：市场经济时期（1992—2012 年），即偏向总需求管理

的逆周期宏观政策阶段。1992 年初，邓小平的南方谈话要求进一步
推动改革开放；同年十月，党的十四大正式确立了我国市场经济的改
革目标；1993 年，十四届三中全会通过了《关于建立社会主义市场经
济体制若干问题的决定》，并提到，"宏观调控的主要任务是：保持经
济总量的基本平衡，促进经济结构的优化，引导国民经济持续、快
速、健康发展，推动社会全面进步。"此后，我国政府根据经济周期
性波动状况有意识地主动采取逆周期宏观政策调控宏观经济。尤其是
两次金融危机冲击，在内外部严峻环境下，我国及时采取逆周期宏观
政策稳定了国内经济。一方面，通过增加政府转移支付、提高出口退
税率、调节社会收入再分配以刺激消费需求和投资需求从而扩大内
需。另一方面，连续下调基准利率及存款准备金率，促进货币信贷增
长，加大对经济发展的支持力度，推动我国经济稳定增长。逆周期宏
观政策在两次危机中取得了较好的调控效果，在 1998 年危机中，我
国国民生产总值完成 79553 亿元，达到了 7.8%的增长率，保持了人
民币汇率的稳定，进一步推动了亚洲乃至世界经济稳定，2008 年危
机中，我国经济增长实现了"V"型反转[1]，为 2010 年中国国内生产
总值超过日本成为世界第二大经济体奠定了坚实的基础。

第四阶段：全面深化改革时期（2013 年至今），即配合供给侧结
构性改革的逆周期宏观政策阶段。2012 年，我国经济增长率为7.8%[2]，
结束了近 20 年 10%的高速增长。2013 年到 2014 年期间，中央先后

---

[1] "V"型反转在于：2009 年一季度我国经济增速仅为 6.2%，但在逆周期宏观政策实
施后，2009 年二、三、四季度经济增长率回升至 7.9%、8.9%及 10.7%。

[2] 中国政府网：《2012 年中国经济增长 7.8%经济社会发展稳中有进》，2013 年 1 月 18 日，
见 http://www.gov.cn/jrzg/2013-01/19/content_2315673.htm。

对我国宏观经济形势作出了"三期叠加"和"新常态"的重要判断。而后，习近平综合世界经济形势和我国经济发展新阶段强调："要深刻理解时代背景，当前我国经济发展中有周期性、总量性问题，但结构性问题最突出，矛盾的主要方面在供给侧"[①]，这标志着我国宏观经济失衡由总量失衡为主转向供给侧结构性失衡为主。经济形势的变化决定了宏观政策的运行环境，这也进一步要求逆周期宏观政策调控进行主动适应与转型调整。结合理论与实践，我国逐渐形成了以总供求模型为理论基础，以需求管理、供给管理和市场环境管理为三大支柱的逆周期调控体系。相较于西方各国大多以凯恩斯主义需求管理政策为主的逆周期调节，其优势在于弥补了凯恩斯主义不能解决产能过剩经济中的根本问题，更有利于经济稳定性。

二、调控精准发力推动经济稳中有进

2020 年作为全面建成小康社会和"十三五"规划收官之年，做好经济工作至关重要。但在疫情冲击下，国内经济下行压力加剧，外部环境更趋复杂严峻，这也对宏观调控提出了更高的要求。保持宏观政策稳定，推动经济平稳发展，科学稳健把握宏观政策逆周期调节力度至关重要。

一是理论层面。科学稳健把握宏观政策逆周期调节力度是根植于我国实践的宏观管理理论创新。宏观经济政策目标是稳增长，长期

---

① 新华网：《习近平主持召开中央财经领导小组第十三次会议》，2016 年 5 月 16 日，见 http://www.xinhuanet.com/politics/2016-05/16/c_1118875925.htm。

以来，不同时期的宏观政策多作为逆周期调节工具以发挥作用。2008年的国际金融危机后，全球经济的周期性与结构性问题交互失衡，中国经济也陷入"经济增长下行压力和产能相对过剩"的矛盾怪圈中。具体而言，我国正处于转变发展方式、优化经济结构、转换增长动力的攻关期，结构性、体制性、周期性问题相互交织，"三期叠加"影响持续深化，经济下行压力加大。基于此，宏观政策立足于经济运行实际冲突，结合周期性、结构性及体制性三者因素，宏观政策目标也由以往的单一目标增加为稳就业、稳金融、稳外贸、稳外资、稳投资、稳预期的"六稳"目标。科学稳健把握宏观政策逆周期调节力度，是将逆周期调节与供给侧结构性改革相结合，共同发力以应对多重挑战，实现多重目标。但与此同时，宏观调控空间大大变窄，因此，把握宏观政策逆周期调节力度也更为必要。

二是现实层面。科学稳健把握宏观政策逆周期调节力度是适应当前国内外复杂形势的主动选择。一方面，当前世界经济增长持续放缓，呈现动能不足、整体疲软的态势，全球经济处于国际金融危机后的深度调整期，新冠肺炎疫情的全球性爆发进一步暴露了各国经济中长期结构性问题。至疫情出现前，美国经历了历史上最长时间的经济扩张，股票估值处于历史高位，数据显示，在2008年金融危机后至2020年2月，标普500指数涨幅高达395%，涨幅和持续时间都居于美股历史前列。欧洲经济增长速度较缓，对外贸易增长乏力，内部隐患较为突出，数据显示，自2008年金融危机后，欧盟出口值处于低谷状态，近些年虽有增长，但增幅不大，并且呈现不稳定态势。另一方面，全球正值新一轮科技革命和产业变革，国际产业分工格局面临重构，数字货币等新型金融业态加快国际金融体系变革，区域性竞争加剧，全球经贸治理格局分化，世界大变局加速演变的特征更趋明显。同时，中美贸易摩擦对全球经济造成显著冲击，国际贸易和投资持续下降，负面影响在全球产业链上下游蔓延，全球动荡源和风险点显著增多。宏观政策逆周期调控是复杂被动形势下的主动选择，能有效熨平不稳定因子进而为经济发展提供有力支持。

三是历史层面。科学稳健把握宏观政策逆周期调节力度是国家经受重大危机考验的重要支撑。经济主体和金融体系的顺周期性是内生存在的。相较于内生顺周期性，逆周期调节政策由于力度难以把握等原因更难以获得公众配合。自改革开放以来，我国便不断完善以逆周期调节为主要手段的宏观调控体系，西方发达国家则多强调市场机制，较少使用逆周期调节。2008 年国际金融危机的爆发和持续蔓延表明，不论是宏观层面还是微观层面，顺周期行为会通过正、负反馈双重机制加剧经济失衡，直接形成系统性风险并触发危机。面对愈演愈烈的全球金融危机，美国与欧元区等各国都采取了不同形式的逆周期调节政策，但效果并不理想。我国注重宏观审慎管理，并且在有限的调控空间下适时适度调节宏观政策力度，成功避免了经济的大幅波动，经受住了全球金融危机的冲击和考验，有效维护了我国宏观经济金融的稳定与发展。

三、运用好逆周期调节工具

2019 年中央经济工作会议提出"必须科学稳健把握宏观政策逆周期调节力度，增强微观主体活力，把供给侧结构性改革主线贯穿于宏观调控全过程"的重要论断，是立足于稳定经济增长速度及实现经济高质量发展目标而作出的科学举措，深入理解其内涵要义有利于应对国内经济下行压力加大，国际大变局加速演变的特征趋势。

（一）科学把握财政政策逆周期调节力度，更加积极有为

财政是国家治理的重要基础和支柱。现阶段我国正处于四期下行交叠重合阶段①，积极的财政政策对解决经济下行中周期性因素具有重大作用，通过财政支出政策与财政收入政策直接或间接转换增长动力市场，从而进行宏观调控以稳定经济增长。

1. 从财政支出政策看，在总量积极的前提下大力提质增效，更注重财政支出的结构调整

基于宏观层面。一方面，财政支出结构调整有利于我国长期供求动态平衡。李克强强调，"要在供需两端发力促进产业迈向中高端"。在我国，如化工、水泥等传统产业面临严重的生产过剩问题，以供给侧结构性改革去产能，往往会在短期引发经济衰退。此时，增加财政生产性支出比例，引导资金流入高效益重点行业与短缺领域，既能够拉动现在的需求，又可以增加未来的有效供给。另一方面，经济发展要不断满足人民日益增长的美好生活需要。习近平强调，"我们任何时候都不能忘记，部署经济工作、制定经济政策、推动经济发展都要牢牢坚持这个根本立场"。② 横向看，我国与世界其他各国的财政支出

---

① 四种周期分别为：基钦周期、朱格拉周期、康德季耶夫周期和库兹涅茨周期。

② 《习近平关于社会主义经济建设论述摘编》，中央文献出版社 2017 年版。

结构相比较，用于社会保障、医疗卫生等基本民生领域的支出仍然偏少；纵向看，在我国的历史实践中，偏向城市化的财政支出政策显著地扩大了城乡间收入差距。本次财政支出结构的优化更加注重基层群体与基本民生，更是体现了我国经济发展将"以人民为中心"作为政策制定的出发点和落脚点。

基于微观层面。从财政资金需求端出发，财政支出的结构性调整有利于提高资金运用效率。按照公共财政学理论，能通过市场更好解决的支出需求应该交由市场筹资。反之，由于外部性等原因造成的市场筹资效率不佳，则应由政府公共财政承担。因此，优化财政支出结构，既应辨别支出需求由公共财政承担的必要性，又应根据经济形势及目标衡量支出需求的重要性顺序。从财政资金供给端出发，财政支出的结构性调整有利于保持我国积极财政政策的连贯性与可持续性。虽然我国经济长期向好，形成了财政收入稳定增长机制。但是自我国 2009 年重启积极财政政策以来，今年已是连续实施的第十一个年头，从实施效果来看，本轮积极财政政策效果较佳，对推动经济增长作出了实质性贡献。但不可否认，积极的财政政策所表现出的一个严重局限是增加财政赤字。同时，复杂的国际形势与国内日益加剧的人口老龄化问题都进一步加大了民生支出压力，直接影响到我国的财政稳定性和持续性。可以认为，客观经济现状是实施积极财政政策的基础，而尊重财政规律是财政政策取得成功的基础。

2. 从财政收入政策看，综合利用减税降费、国债等政策工具以发挥财政政策积极作用

一方面，减税降费措施是应对当前下行宏观经济形势的必然选择。近年来，党中央、国务院围绕大规模减税降费作出了重大决策部署。2016 年李克强指出，"不是只有增加赤字、搞大工程才是积极的财政政策。我们给企业减税降费同样是积极的财政政策!"2019 年 3 月，李克强在第十三届全国人民代表大会第二次会议上作政府工作报告，提出："实施更大规模的减税"，"确保减税降费落实到位"。习近平指出，"减税降费政策措施要落地生根，让企业轻装上阵"。结合宏观税负的升降评估我国减税降费政策效果，可以发现，纵向层面，自 2016 年我国实施全面减税降费政策后，宏观税负下降效果明显。但是横向层面，与美国历史上的三轮减税计划相比①，我国宏观税负下降效果仍然偏弱。数据显示，我国 2016—2019 年大中小三种口径衡量的宏观税负下降幅度最大都未超过 1%，而 20 世纪 80 年代初，美国里根政府减税政策实施后，其宏观税负降幅在两三年时间内达到了 1.8%，21 世纪初的小布什政府实施减税政策后，三年时间内宏观税负降幅达到 3.8%。我国减税降费效果欠佳，客观上分析是我国减税降费空间有限，主观上则是由于减税降费政策仍有待进一步落实。因此，下一步应提高减税降费政策的针对性和有效性，通过完善相关法律理念、加强跟踪监督等全方位多层次措施进一步将减税降费政策落到实处。

另一方面，在财政支出增长而税收降低的背景下，发行国债、地方债及增加专项债券规模能有效缓解财政压力，对冲疫情给经济社会带来的负面影响。在发行债券时，应综合全年度预算安排、实际项目建设需要及债券期限等因素共同决定。在资金投向上，积极引导专项

---

① 在特朗普政府减税政策前，美国政府一共有三次较大规模的减税政策。其中，第一次为 20 世纪 80 年代初，里根政府减税政策；第二次为 21 世纪初，小布什政府减税政策；第三次为金融危机后，奥巴马政府减税政策。

债券筹集资金及时投入项目建设以形成有效投资，跟踪地方专项债发行进度与使用情况。同时，在增发债券的过程中应密切关注地方债务问题，虽然数据显示，截至 2019 年末，我国地方政府债务为 21.31 万亿元，地方政府债务率为 82.9%，低于国际通行警戒标准。[①] 但是学界综合分析现实风险和地方政府隐性债务，普遍认为我国地方债务负担沉重，并且结合资金来源和债务质量而言，我国地方债务中隐含的金融风险较大，过高的政府债务与风险会直接影响到宏观经济平稳运行。因此，通过扩大发债规模提供财政支持应妥善平衡增发地方专项债及地方债务风险问题。

（二）科学把握货币政策逆周期调节力度，更加灵活适度

未来一段时期是我国由中等收入国家向高收入国家跨越的关键阶段，也是改革开放深化的关键时期。货币政策是国家调控宏观经济的重要手段，不合意的货币政策方向与力度会产生经济剧烈波动，从而直接影响国家长期发展。当前来看，为应对复杂多变的国内外经济形势，需要稳健的货币政策更加灵活适度，在稳总量与优结构的动态平衡中实现多重目标。

1. 保持货币供需动态均衡，货币政策指标增长应同经济发展相适应

2020 年央行发布报告，"现阶段，货币政策中介目标转为广义货

币 M2 和社会融资规模增速与国内生产总值名义增速基本匹配，是科学稳健把握货币政策逆周期调节力度的着力点，既兼顾经济增长，又有利于保持物价稳定"。① 一方面，货币政策应保持稳健，从 2019 年情况来看，稳健的货币政策取得了积极成效。其中，广义货币余额为 198.65 万亿元，同比增长 8.7%，增速分别比上月末和上年同期高 0.9% 和 2.9%；社会融资规模增量累计 25.58 万亿元，同比上年多 3.08 万亿元，其中，对实体经济发放的人民币贷款占同期社会融资规模的 66%。② 另一方面，稳健的货币政策不等于一成不变，而是应结合实体经济的发展变化和经济运行目标在一定区间灵活适度调节。当前经济运行下行压力较大，实体经济对于宏观货币政策有着较强的逆周期调节需求。同时，社会融资增速持续放缓，其中，股市融资增速、信贷增速及表外融资回落明显，这在很大程度上反映了目前局部领域存在信用收缩情况。因此，广义货币供应量增速与社会融资规模增速应阶段性适当加快，以支持宏观经济高质量增长。

2. 优化货币流动性结构，结合金融供给侧结构性改革，疏通货币政策传导机制以解决融资问题

在我国，中小微企业和民营企业融资难融资贵问题仍然较为突出。中小微企业是我国经济发展的主体。数据显示，截至 2017 年末，中小微企业（含个体工商户）占全部市场主体比重超过 90%，为全国经济发展贡献了 60% 以上的 GDP 和 50% 以上的税收。据 2019 年

---

① 中国人民银行：《2019 年第四季度中国货币政策执行报告》，2020 年 2 月 19 日，见 http://www.pbc.gov.cn/goutongjiaoliu/113456/113469/3974306/index.html。

② 数据来源：中国人民银行官方网站，其中，数据截至 2019 年末。

6月中国人民银行和银保监会发布的《中国小微企业金融服务白皮书》显示，截至 2018 年末，我国小微企业法人贷款余额 26 万亿元，占全部企业贷款的 32.1%。可以看出，由于中小微企业自身规模小、风险较高等特性，我国金融机构针对中小微企业的金融服务仍然较为薄弱，民营企业的融资成本也同样有待降低。

同时，我国制造业多为民营和中小微企业（占比高达 85% 以上），融资难及融资贵问题是我国制造业发展面临的突出挑战。中国财政科学研究院 2019 年报告中的样本数据显示，在总量上，2006—2018 年期间我国制造业贷款比重由 25% 降至 16%；在结构上，2018 年制造业融资额中银行短期贷款占 42%，银行长期贷款占 5%，股权融资占 2%，债券融资规模占 1%[①]；2016—2018 年制造业样本企业银行短期贷款利率虽持续下降，中长期贷款利率却逐年上升。制造业作为我国实体经济的核心，是经济持续稳健发展的关键，缓解其融资问题，不仅在于货币供需，还取决于货币政策传导机制，货币政策传导机制的有效性决定了货币政策的实施效果，因此，进一步疏通货币政策传导机制对经济运行实现良性循环具有重要意义。

（三）科学把握各项政策协同力度，以更好发挥宏观政策逆周期调节作用

习近平在 2019 年中央经济工作会议中提出，"要坚持稳字当头，坚持宏观政策要稳、微观政策要活、社会政策要托底的政策框架，提

---

① 中国财政科学研究院：《2019 年"降成本"报告》，2019 年 10 月 22 日，见 http://www.chineseafs.org/index.php?m=content&c=index&a=show&catid=24&id=1542。

高宏观调控的前瞻性、针对性、有效性。"总体而言，调控政策分为三类，即宏观调控政策、微观政策及社会政策，上文已有讨论皆基于社会政策兜底和微观政策有为的基础上，而如何做好把握好调控政策间的协调运作力度本身至关重要。三大政策都有自身的侧重点和着力点，一般而言，微观政策偏向于规范市场主体活动，宏观政策着重于对冲周期性冲击，以调节宏观经济运行，社会政策的基本目标则偏向于民众总体生活质量的提高。而究其本质，三大政策都是立足于国家经济长期稳定向好发展的总体目标，内在相互联系、相互促进。可以看出，把握政策间协调力度是由宏观经济协调发展的要求和三大政策的联系共同决定的，其为推进社会经济长期健康发展奠定了基本框架，有助于发挥宏观政策逆周期调节效果。

四、逆周期调节为高质量发展添能蓄势

短期而言，新冠肺炎疫情从供需两端对我国经济运行造成冲击，直接影响我国乃至全球经济体系运行，应加大宏观政策对冲力度以熨平疫情冲击造成的经济下行波动。但长期而言，新冠肺炎造成的冲击持续时间和规模都较为有限，不会影响我国经济长期向好、高质量增长的基本面。因此，应对经济运行中的冲击和政策调控过程中的困难，宏观政策应结合经济高质量发展的根本要求，将长期改革与短期调控、内部均衡及外部均衡相结合，科学稳健把握宏观政策逆周期调节力度。

（一）短期而言，宏观政策调控重在稳增长

一是由于财政政策时滞短且针对性强，应采取更加积极有为的财政政策以对冲疫情对经济的影响。在财政收入方面，针对交通运输业、服务业等遭受疫情冲击严重的行业，加大力度予以阶段性税收优惠；针对疫情冲击严重行业与地区的中小微企业，阶段性下调其企业所得税减轻运营压力；同时，适当对个人所得税进行阶段性调整，以增加个人及家庭可支配收入，从而促进消费。在财政支出方面，应结合当前疫情实际大力优化财政支出结构，适当加大财政支出力度，针对受疫情影响较大的行业给予财政补贴，对疫情防控重点保障企业贷款予以财政贴息，对受疫情影响严重地区居民及因疫致贫、返贫的低收入群体发放现金补贴或者消费券补贴。同时，在中央明确适当提高财政赤字率、发行特别国债、增加地方政府专项债券规模等措施的基础上，相关部委和地方政府应结合疫情最新情况及经济运行现状制定具体方案，进一步推动政策落到实处。

二是稳健的货币政策应更加灵活适度为疫情防控、复产复工和实体经济发展提供精准金融服务。一方面，货币政策应配合好积极的财政政策，通过降低准备金率尤其是超额准备金率等工具，盘活财政存量资金，防止产生过度挤出效应。另一方面，货币政策应根据复工复产阶段性特征，综合运用公开市场操作、中期借贷便利、降准、降息等方式保持市场流动性合理充裕，满足企业流动性需求；针对受疫情影响较大的行业及农村地区、中小微企业尤其是中小型银行，采取定向降准、专项资金支持等结构性政策工具加大定向支持力度，降低资金使用成本，鼓励资金流入实体经济。

（二）中长期而言，宏观政策调控重在调结构

一是财政政策是推动我国长期结构调整的重要宏观政策工具。然而，当前阶段，财政政策在促进供给侧改革方面还存在一些直接问题，如财政收支平衡约束、财税风险等。一方面，深化财政政策自动稳定机制，重视结构性减税，对新型高科技行业、服务业等行业予以税收优惠；完善地方税体系，形成多税种协调、多层级政府良性互动调节体系；进一步完善税收征管流程，通过线下税务部门及线上网络平台建立健全信息披露机制及双向沟通机制。另一方面，应构建高效协调的宏观调控体系，提高相机抉择的透明度和独立性，建立相应的反馈机制，避免政策使用的随意性。

二是货币政策应围绕供给侧结构性改革，为经济高质量发展营造良好的经济环境。发达国家货币政策的实践和我国学界的研究都表明：在微观机制基础健全的情况下，价格型货币政策操作比数量型操作具有更加良好的性质，而当前我国货币政策操作以数量型工具为主，价格型工具为辅，因此，在综合搭配好数量型工具和价格型工具的基础上，我国应更加重视发挥价格型工具作用，推动金融市场纵深发展，推进利率市场化改革，努力完善创新型货币政策工具。同时，政策利率的调整难以传导至金融市场及实体经济是影响货币政策工具由数量型向价格型转变的核心问题，政策利率向实体经济的传导机制有待疏通。在我国名义上利率市场化改革基本完成、利率管制基本放开的情况下，不健全的利率体系与尚不成熟的金融市场是导致传导效率损失的主要障碍，因此，应加快完善我国利率调控体系，推动较为确定的政策利率基准，加速推进存贷款利率市场化。

　　另外，不论短期还是长期，政策间都应做好协调配合以最大化政策效果。我国宏观政策共同服务于宏观调控总目标，其相互协调与否直接影响经济运行状况，从而又反向作用于政策方向与力度的调整。短期而言，针对疫情冲击，根据不同行业及地区受疫情影响程度的差异，有针对性地出台就业、产业、金融等一系列措施，以确保复工复产需要的劳动力、原材料及资金等生产要素。长期而言，建立健全政策协调机制。健全各宏观政策负责部门横向协调机制，建立中央与地方的纵向沟通反馈机制。同时，健全货币政策与宏观审慎政策双支柱调控框架，在政策出台和落实过程中建立联动与协同机制。

（执笔人：郭威副教授）

当前，国际国内经济形势正在发生新的重大变化，但中国开放的大门不会关闭，只会越开越大。

　　要进一步提高对外开放水平，与世界深度融合、互利共赢。要加快培育国际合作和竞争新优势，高质量共建"一带一路"，进一步扩大利用外资，引导境外投资健康有序发展，推动外贸提质促稳。要积极参与全球经济治理，成为全球经济发展的引领者。

第十章

推进更高水平对外开放

2020 年以来，新冠肺炎疫情的爆发及其在全球的加速扩散蔓延，对国内国际经济产生了重大冲击。《政府工作报告》明确指出：面对外部环境变化，要坚定不移扩大对外开放，稳定产业链供应链，以开放促改革促发展。推进更高水平对外开放，稳住外贸外资基本盘。基于新冠疫情发展态势的不确定性，一方面，要继续坚定不移地推进对外开放向着更大范围、更宽领域、更深层次的方向迈进；另一方面，采取"苦练内功，强化自身改革，夯实新一轮更高水平的对外开放基石"的策略非常必要。

一、国际国内经济形势发生重大变化

经济全球化时代，"黑天鹅"事件经常不断涌现。新冠肺炎疫情的暴发和扩散，正在引致国际国内经济形势发生新的重大变化。

从国内看，2020 年一季度，我国货物进出口总额同比下降 6.4%，达到 65742 亿元，其中，出口为 12927 亿元，下降 3.5%。①3 月，复工复产加快推进，外贸形势开始好转②，进出口总额达到 24459 亿元，同比下降 0.8%，降幅比 1—2 月收窄 8.7 个百分点。2020 年 1—2 月，人民币汇率保持了基本稳定；外汇储备余额保持在 3 万亿美元以上③。2020 年 3 月，我国制造业采购经理指数（PMI）的各分项指数中，新出口订单指数和进口指数分别为 46.4% 和 48.4%，比 2 月有所回升。需要强调的是，各种指标的后期走势究竟如何，需要持续关注，这主要取决于全球抗击疫情的进展状况及其对各国经济的破坏程度。

从国际看，已经呈现大流行态势的海外疫情，导致各疫情国家的生产、消费不断萎缩，国际金融市场频繁震荡④，大宗商品价格的波动巨大⑤，市场预期悲观情绪较浓，国际贸易活动明显减少，全球经济负增长的态势初步形成。作为全球疫情"震中"的美国，连续实施了零利率、无限 QE（量化宽松）、CPFF（商业票据融资便利工具）、PDCF（一级交易商信贷便利工具），以及占 GDP 比重 10% 左右的史上规模最大的 2.2 万亿美元财政刺激计划、美联储 2.3 万亿美元贷款计划等一系列"不惜一切代价"的调控政策。这种极端做法，深

---

① 新华网：《我国一季度外贸进出口同比下降 6.4%，三月有所改善》，2020 年 4 月 14 日，见 http://www.xinhuanet.com/2020-04/14/c_1125853327.htm。

② 尤其是防疫物资的出口增长较快。

③ 2 月末，我国外汇储备余额为 31067 亿美元。

④ 2020 年 3 月，美国股市的四次"熔断"凸显出市场对经济前景的极度担忧。

⑤ 美国、沙特、俄罗斯围绕国际原油份额而展开的激烈价格竞争，将极大地加剧疫情对全球经济的伤害程度。

刻揭示了本次经济衰退的难以预测性。① 疫情比较严重的欧盟国家如意、德②、法、英等国家亦出台了巨额的财税金融支持和救助计划③。2020 年 4 月 1 日，联合国经济与社会事务部发布报告称，预计今年全球经济将萎缩 0.9%，而大量智库对 2020 年全球经济增速的预测更为悲观。国际货币基金组织预计 2020 年全球经济下降 3%。世界银行预计，2020 年在基线情景下东亚发展中经济体增速将降至 2.1%④，而悲观情景下可能会收缩 0.5%。2020 年 4 月 8 日，世界贸易组织预测，2020 年全球贸易将缩水 13% 到 32%，超过 2008 年国际金融危机的水平，同时，受疫情持续时间和各国抗疫政策的有效性影响，2021 年全球贸易能否复苏存在不确定性。

可以说，新冠肺炎疫情对全球经济和经济全球化是深远的。第一，疫情扩散的全球空间格局的不确定性，使全球经济增长前景更为黯淡。一方面，美国和欧洲的疫情高峰平台探索仍在继续中，其服务业主导型经济损害机理和自我恢复机制尚不明确。另一方面，未来新冠疫情是否会向非洲、南美、南亚等区域大面积扩散，尚未明确，由此，一些新兴经济体的经济增长内生动能必然弱化。第二，全球产业链布局可能会因此而重构。本次疫情的发展进程表明，如果缺乏有效的重大突发事件国际协调机制，大量应急物资将成为各国的致命短板。因此，传统的国际间产业转移模式和产业链布局可能需要调整，保持一定的实体经济制造能力非常必要。然而，国情

---

① 根据美国劳工部公布的就业数据，2020 年 3 月全美失业率创下了 1975 年 1 月以来最大单月增幅，达 4.4%，环比上升 0.9%。
② 德国有关机构预测，2020 年德国经济将萎缩 4.2%，2021 年增长 5.8%。
③ 截止到 2020 年 4 月上旬，欧元集团国家的救助计划达 5400 亿欧元。
④ 2019 年约为 5.8%。

不同决定了不可能各国都实现所有产业门类的生产，有所取舍势所必然。所以，重构怎样的产业链格局必然是疫情后各国思考的重大课题，这必将会对未来的世界贸易格局产生重要影响。第三，经济全球化的基本格局可能会因此而重构。本次疫情中，很多疫情大国不得已极度强化自身利益的防护，从而形成了大量隐性的逆全球化藩篱，同时深刻改变着人们对经济全球化的认知。在重大危机来临之际，经济全球化对不同国家、不同民族将产生迥异的影响。因而，如何平衡经济全球化的收益和成本，将构成各国融入世界格局的重要考量。第四，各国对外开放的战略取向可能因此而重构。重构全球产业链布局的客观需求和对传统经济全球化格局的主观认识的双重变化，必然内生地催动各国关于对外开放战略、策略、政策和法治建设等方面的差异性选择。

总体来看，新冠肺炎疫情对我国经济和对外开放的影响是短期的、外在的、可控的，不会改变我国经济长期向好的基本面，也不会改变我国对外开放的基本趋势。但也要认识到，世界格局正在发生深刻变化，以全球视野和战略研究当前和今后相当长时期的对外开放战略，谋划应对策略，是中国胜利完成第一个百年目标，迈上第二个百年目标征程的基本前提。

二、夯实更高水平对外开放的基石

在新冠肺炎疫情的冲击下，2020年的对外开放进程发生了迟滞。经过数月的努力，我国抗击新冠肺炎疫情迎来曙光，即将率先走出泥潭，这就为推进新一轮更高水平的对外开放提供了重要前提。然而，新冠肺炎疫情在全球的快速扩散，又使得我国的各项"走出去"事业不得不暂时性"休眠"。基于此，苦练内功，强化自身改革，建设更高水平开放型经济新体制，为新一轮更大范围、更宽领域、更深层次的对外开放积蓄力量，应构成当前和今后一段时期的重要"策略性"选择。

（一）加强外商投资促进和保护，继续缩减外商投资负面清单

稳定和扩大利用外资，始终是我国对外开放的重要内容。其间，加强对外商投资的促进和保护构成了稳定和扩大利用外资的先决性条件。2019年，围绕外商投资促进和保护，中国推出了一系列有效措施。

2019年3月，十三届全国人民代表大会第二次会议审议通过《外商投资法》[①]，并于2020年1月1日起施行[②]。这是新形势下国家关于外商投资活动全面、基本的，具有统领性质的法律规范，为建立和完善外商投资促进机制，实行高水平投资自由化便利化政策，营造稳定、透明、可预期和公平竞争的市场环境，以及建立外国投资者在中国境内的投资、收益和其他合法权益的依法保护机制确立了基本制度框架和规则。

党的十八大以来，为适应对外开放的新形势、新要求、新挑战，我国开始探索负面清单管理模式。6年多来，外资准入负面清单（自

---

① 该法取代了原"外资三法"，即《中外合资经营企业法》《外资企业法》《中外合作经营企业法》。

② 2019年12月，国务院常务会议通过的《外商投资法实施条例》一并实施。

贸试验区版）长度缩减 80% 以上，这充分说明，中国对外开放的大门越来越大。在 2019 年 7 月 30 日起开始施行的《外商投资准入特别管理措施（负面清单）（2019 年版）》和《自由贸易试验区外商投资准入特别管理措施（负面清单）（2019 年版）》中，全国外资准入负面清单条目由 48 条措施减至 40 条，自贸试验区外资准入负面清单条目由 45 条减至 37 条。

2019 年 11 月，国务院发布了《关于进一步做好利用外资工作的意见》。它以激发市场活力、提振投资信心为出发点，以保障外商投资企业国民待遇为重点，以打造公开、透明、可预期的外商投资环境为着力点，持续深化"放管服"改革，从深化对外开放、加大投资促进力度、深化投资便利化改革、保护外商投资合法权益等 4 个方面提出了 20 条"稳外资"的任务清单。

2020 年，新冠肺炎疫情的冲击使我国对外开放的国（境）外探索受到了极大的约束，但这并不阻碍国内加快推进体制改革和政策创新的步伐。相反，国内战"役"的阶段性胜利和新冠肺炎疫情所暴露出的各种羁绊因素，可能为我国冷静思考、系统总结和升华对外开放提供了一个良好的窗口期。全球化的形式可能会变化，但全球化的本质不会变。中国应进一步扩大对外开放，继续坚持继续放宽外资准入，扩大金融等服务业开放。应继续优化外资准入负面清单，探索在更多领域允许外商独资经营，保障外资企业国民待遇；继续深化"放管服"改革，简化外资审批程度，优化外资项目的落地服务机制，尤其要抓好标志性重大外资项目落地；继续完善市场化、法治化、国际化营商环境，促进投资便利化。现阶段，如何积极帮助外资企业解决复工复产中的各种困难，切实以外资企业复工复产推动扩大对外开放，显得更为紧迫。

（二）推动对外贸易稳中提质，引导企业开拓多元化出口市场，保持对外贸易稳定增长

对外贸易的高质量稳定增长是对外开放成效更为直接的表现形式。在新冠肺炎疫情的冲击下，2020 年全球需求萎缩已成必然，这就必然引致我国在落实长期坚持的对外贸易不断稳中提质的方针方面出现极大困难。

对外贸易稳中提质，既要促进贸易结构的优化、竞争新优势的培育、商品和服务附加值的提升等，也要重视推动出口目标市场的多元化拓展，以及供应链、产业链和价值链发展水平的不断攀升。当前，我国应该结合抗疫物资的援助与出口，为疫情后多元化出口目标市场的开拓奠定基础。有关政府部门[①] 在促进"稳外贸稳外资"的政策调控中，实现两者的有机结合，对于下半年及以后一个时期的外贸快速恢复和增长尤为重要。

（三）降低关税总水平

关税总水平是一国融入经济全球化程度的重要标志，是一国货物贸易领域开放程度的重要指标，对于优化和扩大全球资源配置范围，提高全球资源配置效率，降低资源配置成本具有重要意义。2018 年底，

---

① 为有效应对疫情，商务部就外资企业服务、稳外贸稳外资促消费、边境（跨境）经济合作区建设、国家级经开区工作等出台了一系列政策措施。

我国关税总水平已降至 7.5%[①]，实现了历史性进步。尽管与发达国家相比[②]，我国关税总水平仍然偏高，但关税总水平的差额正在持续缩小。

要降低关税总水平，进口关税的降低和结构性调整最为重要。主动扩大进口是新时代中国对外开放的必然趋势，是中国面向世界、面向未来、促进共同发展的长远考量。它不仅有利于推动我国经济高质量发展，让人民群众享受到更优质商品和服务，推动国内产业结构转型升级，而且对于提升我国在全球的话语权有着重大意义。为此，要逐步降低进口关税的总水平，同时实现各行业或产品之间进口关税结构的优化。[③]

"稳外贸"不仅是稳定我国经济的内在需要，也是稳定世界经济的内在需要。中国应当有大国担当。针对新冠疫情的全球发展趋势，我国既要适度降低进口关税水平，优化关税结构，根据国内需求扩大相关行业产品的进口，努力促进世界经济向好的局面转化，同时适度降低出口关税水平，为企业提高市场竞争力，开拓多元化出口市场增砖添瓦。

（四）发挥好自贸试验区改革开放试验田作用，推动建设海南自由贸易港，健全"一带一路"投资政策和服务体系

以自贸试验区为代表的开放平台建设是新时代我国对外开放的新

[①] 《2019 年政府工作报告》，2019 年 3 月 5 日，见 http://www.gov.cn/zhuanti/2019qglh/2019lhzfgzbg/。

[②] 美国同期关税总水平为 3.4%。

[③] 例如，中国部分商品关税税率明显高于美国，如汽车；中国免税商品种类占比约为美国的 1/7，明显低于美国，但美国对农产品的关税保护比中国更严重。2019 年年初，我国农产品平均关税水平为 15.2%，仅为世界平均水平的 1/4，远低于 WTO 中发展中国家的平均水平 56% 和发达国家的平均水平 39%。

探索。2019 年，我国的自贸试验区建设取得了新的突破。在原有 12 个自由贸易试验区基础上，国务院于 2019 年 8 月又批复 6 个自贸试验区，同时增设上海自贸试验区临港新片区，从而形成了由 18 个自贸试验区组成的覆盖我国东西南北中各区域的开放新格局。它们将在更大范围内进行制度改革的先行先试，例如，加快落实中央关于开展"证照分离"改革全覆盖试点的部署，探索建立特殊税收制度、构建自由贸易账户体系等。这些措施将进一步有效降低对外开放的制度成本，引领全国各区域对标自贸试验区标准全方位推进对外开放。

为探索建立中国特色自由贸易港这一对外开放新高地，中国政府选择海南作为新型自贸试验区改革开放试验田，以建设海南自由贸易港作为抓手，打造我国对外开放一项前所未有的开创性事业，这是高水平对外开放的重要体现。2019 年，海南自贸港建设迈出了坚实步伐，全面推动落实了"1+N"政策体系，相关政策和制度体系研究取得显著成果，正式启动了海南自由贸易港法的立法调研。2020 年，海南自由贸易港将结合自身实际与特点，充分借鉴国际先进自由港建设的经验，对标世界最高水平的开放形态，切实从"逐步探索"迈向"加快探索"时期、从"加快推进"迈向"推动建设"时期，真正进入更高水平开放型经济新体制的建设阶段，这既是长期对外开放之要义，亦为积极应对疫情冲击、稳住外贸外资基本盘之手段。

实践证明，"一带一路"倡议是深受各国欢迎的，是构建人类命运共同体的重要推动力①。各国国情不同，发展水平有差异，政策体系和制度环境同样难以整齐划一。不断推动"一带一路"建设长期、

---

① 6 年多来，"一带一路"建设的客观事实充分表明，西方国家污蔑中国的"债务陷阱""经济侵略""地缘政治扩张"等谬论是决然不存在的。

稳定、可持续、风险可控的投资政策和服务体系的健全和完善，是我国作为"一带一路"首倡国义不容辞的责任。要进一步加快"一带一路"的投融资、各类工作平台、公共服务等方面的激励与引导、管理与监督等相关制度、规范和政策体系的建设步伐。要大力支持各类市场化力量按照法治化、国际化要求，参与"一带一路"投融资政策和服务体系建设①，切实形成国内国际多方积极参与的蓬勃画面。

（五）主动参与全球经济治理变革，积极参与世贸组织改革，加快多双边自贸协议谈判

近年来，全球经济力量对比开始发生明显变化，"东升西降""南升北降"特征显著，贸易保护主义和民粹主义兴起，多边主义及相关国际机制受到冲击，世界面临百年未有之大变局。同时，新一轮科技革命和产业变革对世界各国的经济社会产生了全方位影响，尤其对于发展中国家具有较强的经济催动效应。以美国为首的西方国家极端排斥新兴国家经济的快速发展成就，并努力向其内部在经济全球化中处于劣势的群体灌输国际竞争是造成该状况的主要根源的理念，开始质疑其在"二战"后主导建立的传统的国际秩序和规则体系，并试图进行根本性改造。西方主要国家的反全球化浪潮和新兴经济体的力量不足，无疑会造成当前经济全球化推动主体的缺位。如何通过体制机制的创新，推动经济全球化进程的再平衡，是全球经济治理面临的重大课题。

长期以来，中国一直主动参与全球经济治理变革、积极推动以

---

① 比如，在风险防控服务体系建设方面，"一带一路"沿线国家和相关国家及地区的市场化力量绝不可忽视。

WTO（世界贸易组织）为代表的多边主义框架建设，为维护全球经济秩序、促进经济全球化作出了应有贡献。由于美国的长期阻挠，WTO（世界贸易组织）上诉机构已经于 2020 年 2 月 10 日陷入停摆状态。预计距离各成员国达成共识，还将有一段空白期。我国坚定维护以规则为基础的多边贸易体制①，支持各方为恢复上诉机构运作而作出的努力。关于上诉机构瘫痪期间，如何处理世贸组织争端案件，我国要积极提出临时方案，争取与其他成员国家一道，尽快恢复争端解决机制的有效运转。

区域经济一体化是经济全球化和多边主义的又一重要表现，已经成为世界经济增长的新动力。为促进世界范围内商品、服务和资本、技术、人员等要素的自由流动，实现不同国家和地区之间优势互补，推动各国经济共同发展，我国已经与 25 个国家和地区签署了 17 个自贸协定，涉及欧洲、亚洲、大洋洲、南美洲和非洲等五大洲。目前中国正在与 28 个国家进行 11 个自贸协定谈判或升级谈判。区域全面经济伙伴关系协定（RCEP）②、中日韩自贸区、中韩自贸协定、中国—挪威自贸协定、中国—以色列自贸协定、中国—秘鲁自贸协定升级等一系列谈判均取得了积极进展。中国也愿意并努力推动与更多有意愿的国家和地区商谈高标准多双边自贸协定，积极探索促进贸易投资自由化、便利化的新途径、新机制。

---

① 世贸组织的改革，不是让少数国家"独大"，而是要推动话语权在各成员国之间趋向均衡。而且从长期看，美国"独大"现象正在成为历史，其无底线透支国家"信用"的做法，只能损害影响力。

② 2019 年 11 月，RCEP 主体谈判已经完成。除印度外，目前 RCEP 已经进入各国法律审核阶段。

三、推进新时代更高水平对外开放

当前，面对严峻复杂的国际疫情和世界经济形势，我们要坚持底线思维，做好较长时间应对外部环境变化的思想准备和工作准备。在这一"较长时间"内，我国的对外开放工作应该有所"聚焦"，有所为有所不为。

首先，加快推动我国外贸龙头企业复工复产，加大相关企业向疫情防控物资和民生物资生产转型的支持力度，为全球疫情防控和民生产业链、供应链畅通运转奠定物质基础，是现阶段我国对外开放的核心内容。没有全球性的有效疫情遏制，就不可能有全球性经济的稳定。在严峻复杂的国际疫情的有效应对中，疫情防控物资和民生物资的可持续保障能力至关重要，它不仅关系到有效遏制全球新冠肺炎疫情，更关系到有效遏制即将出现的新一轮全球性经济萧条。作为工业门类最齐全的国家，作为"世界工厂"和"世界市场"，作为较早取得抗疫重大进展的国家，中国责任重大。而且，作为全球120多个国家和地区的最大贸易伙伴，中国在全球供应链、产业链中的作用举足轻重。如果中国不能维护好全球供应链，那么，全球疫情防控产业链条和民生产业链条的正常循环转动就会遭遇断裂，疫情防控局面将更加严重，全球经济增长将更加艰难。

其次，促进贸易、运输和物流便利化，加快国际物流供应链体系建设，保障国际货运畅通，是当前我国对外开放工作的关键任务。疫情防控需要深度国际合作。没有国际物流供应链的畅通，共同抗疫就无从谈起。随着疫情在全球的扩散，很多国家宣布封国封境，国际货运网络的通达性迅速削弱，跨境贸易和物流受到极大挑战。尤其是在大量航空通道被关闭的情况下，航空物流链面临的冲击更为严重。作为有担当的大国，如何在全球防疫物资供应链中成为积极的引导者、建设者，是我国应该扮演的角色。为此，应进一步推进"放管服"改革，切实加强各国政府间沟通和交流，创新供应链服务供给，建设高效、便利的国际物流供应链体系，确保国际货运畅通。

最后，加强国际经贸合作，为全球经济稳定提供基本保障，是"较长时间"内我国对外开放的重点内容。保持进出口贸易的稳定、实现经济增长的稳定，是全球抗疫时期各国社会稳定的基本前提。在普遍严厉的防疫措施下，世界各地停工停产，甚至出现工厂关闭和产业停滞现象，既恶化了各国的外部市场需求环境，也增加了进口的不确定性。2020年1—2月，中国对美国、英国、日本、德国、韩国、意大利、法国、西班牙等八个重点疫情国家的出口额分别下降26.5%、28.2%、23.3%、22.9%、17.4%、17.2%、14.3%、14.3%，这些国家在我国出口贸易中占据重要地位。[1] 同期，作为电子计算机、机械设备、医疗设备、交通运输设备、化工产品、航空航天及其零件产品等重要来料方的日本、韩国、德国、英国、法国、意大利等，中国对其的进口额也有较大幅度的下降。缓解上述困境，亟待加强国际经贸合作，推动各国对外贸易的协调均衡发展，促进各国经济的共同增长，进而夯实全球经济稳定的基础。这也是适应外部环境的新变化，在"较长时间"内我国对外开放的关键方面。

（执笔人：李江涛教授）

---

[1]　2019年，我国对上述8个国家的出口额占出口总额的比重为36%。

责任编辑：陈百万　张　蕾

封面设计：林芝玉

版式设计：汪　莹

责任校对：陈艳华

图书在版编目（CIP）数据

大国攻坚：决胜 2020 / 中央党校（国家行政学院）经济学部 曹立　主编 . — 北京：人民出版社，2020.6

ISBN 978 - 7 - 01 - 022170 - 0

I. ①大… 　II. ①中… 　III. ①中国经济 - 经济发展 - 通俗读物 　IV. ① F124-49

中国版本图书馆 CIP 数据核字（2020）第 089504 号

大国攻坚：决胜 2020

DAGUO GONGJIAN: JUESHENG 2020

中央党校（国家行政学院）经济学部 曹立　　主编

人 民 出 版 社 出版发行

（100706　北京市东城区隆福寺街 99 号）

北京盛通印刷股份有限公司　新华书店经销

2020 年 6 月第 1 版　2020 年 6 月北京第 1 次印刷

开本：710 毫米 × 1000 毫米 1/16　印张：13.75

字数：158 千字

ISBN 978 - 7 - 01 - 022170 - 0　定价：49.00 元

邮购地址 100706　北京市东城区隆福寺街 99 号

人民东方图书销售中心　电话（010）65250042　65289539